Summer & Wave

パーソナルカラー

夏

×

骨格診断

ウェーブ
似合わせBOOK

ビューティーカラーアナリスト®

海保麻里子
Mariko Kaiho

JN109694

sanctuarybooks

Prologue

　いつでも、どこでも、いくつになっても、心地いい自分でいたい。
　日々身につける服も、メイクやヘアスタイルも、自分の心と体によくなじむものだけを選んで、毎日を気分よく過ごしたい。

　でも、私に似合うものってなんだろう?
　世の中にあふれる服やコスメのなかから、どうやって選べばいいんだろう?

　そんな思いを抱えている方に向けて、この本をつくりました。

　自分に似合うものを知る近道。それは、自分自身をもっとよく知ること。
　もともともっている特徴や魅力を知り、それらを最大限にいかす方法を知ることが、とても大切になります。

　そこで役立つのが、「パーソナルカラー」と「骨格診断」。
　パーソナルカラーは、生まれもった肌・髪・瞳の色などから、似合う「色」を導き出すセオリー。骨格診断は、生まれもった骨格や体型、ボディの質感から、似合う「形」と「素材」を導き出すセオリー。

　この2つのセオリーを知っていれば、自分に似合う服やコスメを迷いなく選べるようになります。

買ってみたもののしっくりこない……ということがなくなるので、ムダ買いが激減し、クローゼットのアイテムはつねにフル稼働。毎朝の服選びがグッとラクになり、それでいて自分にフィットするすてきな着こなしができるようになります。

　自分の魅力をいかしてくれるスタイルで過ごす毎日は、きっと心地よく楽しいもの。つづけるうちに、やがて「自信」や「自分らしさ」にもつながっていくと思います。

　この本の最大のポイントは、12冊シリーズであること。
　パーソナルカラーは「春」「夏」「秋」「冬」の4タイプ、骨格は「ストレート」「ウェーブ」「ナチュラル」の3タイプに分類され、かけ合わせると合計12タイプ。
　パーソナルカラーと骨格診断の専門知識にもとづき、12タイプそれぞれに似合うファッション・メイク・ヘア・ネイルを1冊ずつにわけてご紹介しています。

　1冊まるごと、私のためのファッション本。
　そんなうれしい本をめざしました。これからの毎日を心地いい自分で過ごすために、この本を手もとに置いていただけたら幸いです。

この本の使い方

この本は

パーソナルカラー **夏**

×

骨格診断 **ウェーブ**

タイプの方のための本です

【パーソナルカラー】
「春」「夏」「秋」「冬」の**4**タイプ

×

【骨格】
「ストレート」「ウェーブ」「ナチュラル」の**3**タイプ

かけ合わせると、合計**12**タイプ

〈全12冊シリーズ〉

＼この本はこれ！／

『パーソナルカラー春
×骨格診断ストレート
似合わせBOOK』

『パーソナルカラー春
×骨格診断ウェーブ
似合わせBOOK』

『パーソナルカラー春
×骨格診断ナチュラル
似合わせBOOK』

『パーソナルカラー夏
×骨格診断ストレート
似合わせBOOK』

『パーソナルカラー夏
×骨格診断ウェーブ
似合わせBOOK』

『パーソナルカラー夏
×骨格診断ナチュラル
似合わせBOOK』

『パーソナルカラー秋
×骨格診断ストレート
似合わせBOOK』

『パーソナルカラー秋
×骨格診断ウェーブ
似合わせBOOK』

『パーソナルカラー秋
×骨格診断ナチュラル
似合わせBOOK』

『パーソナルカラー冬
×骨格診断ストレート
似合わせBOOK』

『パーソナルカラー冬
×骨格診断ウェーブ
似合わせBOOK』

『パーソナルカラー冬
×骨格診断ナチュラル
似合わせBOOK』

パーソナルカラーは……
似合う「**色**」がわかる

生まれもった肌・髪・瞳
の色などから、似合う
「色」を導き出します

骨格は……
似合う「**形**」「**素材**」
がわかる

生まれもった骨格や体
型、ボディの質感から、
似合う「形」と「素材」
を導き出します

12冊シリーズ中、自分自身のタイプの本を読むことで、
本当に似合う「色」「形」「素材」の
アイテム、コーディネート、ヘアメイクが
わかります

1 自分自身が「パーソナルカラー夏×
骨格診断ウェーブ」タイプで、
似合うものが知りたい方 ⟶ **P27**へ

2 自分自身の「パーソナルカラー」と
「骨格診断」のタイプが
わからない方

▧ パーソナルカラーセルフチェック ⟶ **P12**へ

▧ 骨格診断セルフチェック ⟶ **P22**へ

⟶ **12冊シリーズ中、該当するタイプの本を手にとってください**

Contents

Chapter1

夏×ウェーブタイプの
魅力を引き出す
ベストアイテム

夏×ウェーブタイプのベストアイテム12

Chapter2

なりたい自分になる、 夏×ウェーブタイプの 配色術

11色で魅せる、夏×ウェーブタイプの 配色コーディネート

Chapter3

夏×ウェーブタイプの魅力に磨きをかけるヘアメイク

色の力で、生まれもった魅力を120%引き出す

「パーソナルカラー」

パーソナルカラーって何？

身につけるだけで自分の魅力を最大限に引き出してくれる、自分に似合う色。

そんな魔法のような色のことを、パーソナルカラーといいます。

SNSでひと目惚れしたすてきな色のトップス。トレンドカラーのリップ。いざ買って合わせてみたら、なんだか顔がくすんで見えたり青白く見えたり……。

それはおそらく、自分のパーソナルカラーとは異なる色を選んでしまったせい。

パーソナルカラーは、生まれもった「肌の色」「髪の色」「瞳の色」、そして「顔立ち」によって決まります。自分に調和する色を、トップスやメイクやヘアカラーなど顔まわりの部分にとり入れるだけで、肌の透明感が驚くほどアップし、フェイスラインがすっきり見え、グッとおしゃれな雰囲気になります。

これ、大げさではありません。サロンでのパーソナルカラー診断では、鏡の前でお客さまのお顔の下にさまざまな色の布をあてていくのですが、「色によって見え方がこんなに違うんですね！」と多くの方が驚かれるほど効果絶大なんです。

イエローベースと
ブルーベース

最近「イエベ」「ブルベ」という言葉をよく耳にしませんか？

これは、世の中に無数に存在する色を「イエローベース（黄み）」と「ブルーベース（青み）」に分類したパーソナルカラーの用語。

たとえば同じ赤でも、黄みがあってあたたかく感じるイエローベースの赤と、青みがあって冷たく感じるブルーベースの赤があるのがわかるでしょうか。

パーソナルカラーでは、色をイエローベースとブルーベースに大きくわけ、似合う色の傾向を探っていきます。

4つのカラータイプ「春」「夏」「秋」「冬」

　色は、イエローベースかブルーベースかに加えて、明るさ・鮮やかさ・クリアさの度合いがそれぞれ異なります。パーソナルカラーでは、そうした属性が似ている色をカテゴライズし、「春」「夏」「秋」「冬」という四季の名前がついた4つのグループに分類しています。各タイプに属する代表的な色をご紹介します。

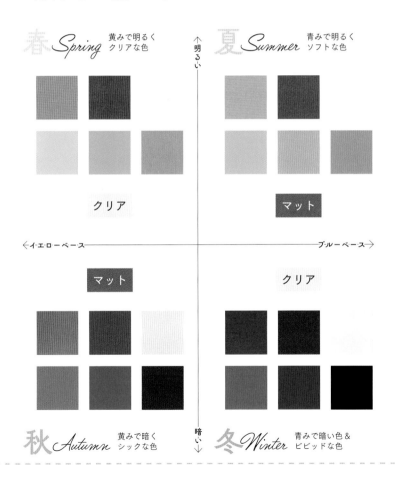

春 *Spring* 黄みで明るく
クリアな色

夏 *Summer* 青みで明るく
ソフトな色

↑明るい

クリア

マット

←イエローベース──────────────ブルーベース→

マット

クリア

秋 *Autumn* 黄みで暗く
シックな色

冬 *Winter* 青みで暗い色＆
ビビッドな色

暗い↓

パーソナルカラーセルフチェック

あなたがどのパーソナルカラーのタイプにあてはまるか、セルフチェックをしてみましょう。迷った場合は、いちばん近いと思われるものを選んでください。

①できるだけ太陽光が入る部屋、または明るく白い照明光の部屋で診断してください。
②ノーメイクでおこなってください。
③着ている服の色が影響しないように白い服を着ましょう。

診断はこちらの
ウェブサイトでも
できます（無料）

Q1 あなたの髪の色は？
（基本は地毛。カラーリングしている方はカラーリング後の色でもOK）

A	B	C	D
黄みのライトブラウン	赤みのローズブラウン、またはソフトなブラック	黄みのダークブラウン、または緑みのマットブラウン	ツヤのあるブラック

Q2 あなたの髪の質感は？

A	B	C	D
ふんわりとやわらかい（ねこっ毛だ）。	髪は細めでサラサラだ。	太さは普通でコシとハリがある。	1本1本が太くてしっかりしている。

Q3 あなたの瞳は？

A	B	C	D
キラキラとした黄みのライトブラウン〜ダークブラウン。	赤みのダークブラウン〜ソフトなブラック。ソフトでやさしい印象。	黄みのダークブラウンで落ち着いた印象。緑みを感じる方も。	シャープなブラック。白目と黒目のコントラストが強く目力がある。切れ長の方も。

Q4 あなたの肌の色は？

A	B	C	D
明るいアイボリー。ツヤがあって皮膚は薄い感じ。	色白でピンク系。なめらかな質感で頬に赤みが出やすい。	暗めのオークル系。頬に色味がなくマットな質感。くすみやすい方も。	ピンク系で色白。または濃いめの肌色で皮膚は厚め。

Q5 日焼けをすると？

A	B	C	D
赤くなってすぐさめる。比較的焼けにくい。	赤くなりやすいが日焼けはほとんどしない。	日焼けしやすい。黒くなりやすくシミができやすい。	やや赤くなり、そのあときれいな小麦色になる。

Q6 家族や親しい友人からほめられるリップカラーは？

A	B	C	D
クリアなピーチピンクやコーラルピンク	明るいローズピンクやスモーキーなモーブピンク	スモーキーなサーモンピンクやレッドブラウン	華やかなフューシャピンクやワインレッド

Q7 人からよく言われるあなたのイメージは？

A	B	C	D
キュート、フレッシュ、カジュアル、アクティブ	上品、やさしい、さわやか、やわらかい	シック、こなれた、ゴージャス、落ち着いた	モダン、シャープ、スタイリッシュ、クール

Q8 ワードローブに多い、得意なベーシックカラーは？

A	B	C	D
ベージュやキャメルを着ると、顔色が明るく血色よく見える。	ブルーグレーやネイビーを着ると、肌に透明感が出て上品に見える。	ダークブラウンやオリーブグリーンを着ても、地味にならずにこなれて見える。	ブラックを着ても暗くならず、小顔&シャープに見える。

Q9 よく身につけるアクセサリーは？

A	B	C	D
ツヤのあるピンクゴールドや明るめのイエローゴールド	上品な光沢のシルバー、プラチナ	マットな輝きのイエローゴールド	ツヤのあるシルバー、プラチナ

Q10 着ていると、家族や親しい友人からほめられる色は？

A	B	C	D
明るい黄緑やオレンジ、黄色などのビタミンカラー	ラベンダーや水色、ローズピンクなどのパステルカラー	マスタードやテラコッタ、レンガ色などのアースカラー	ロイヤルブルーやマゼンタ、真っ赤などのビビッドカラー

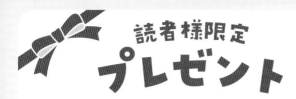

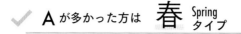

診 断 結 果

✓ **A** が多かった方は **春** Spring
タイプ

✓ **B** が多かった方は **夏** Summer
タイプ

✓ **C** が多かった方は **秋** Autumn
タイプ

✓ **D** が多かった方は **冬** Winter
タイプ

いちばんパーセンテージの高いシーズンがあなたのパーソナルカラーです。パーソナルカラー診断では似合う色を決める４つの要素である「ベース（色み）」「明るさ（明度）」「鮮やかさ（彩度）」「クリアか濁っているか（清濁）」の観点から色を分類し、「春夏秋冬」という四季の名称がついたカラーパレットを構成しています。

パーソナルカラーは、はっきりわかりやすい方もいれば、複数のシーズンに似合う色がまたがる方もいます。パーソナルカラーでは、いちばん似合う色が多いグループを「1stシーズン」、２番目に似合う色が多いグループを「2ndシーズン」と呼んでいます。

・春と秋が多い方　黄みのイエローベースが似合う（ウォームカラータイプ）
・夏と冬が多い方　青みのブルーベースが似合う（クールカラータイプ）
・春と夏が多い方　明るい色が似合う（ライトカラータイプ）
・秋と冬が多い方　深みのある色が似合う（ダークカラータイプ）
・春と冬が多い方　クリアで鮮やかな色が似合う（ビビッドカラータイプ）
・夏と秋が多い方　スモーキーな色が似合う（ソフトカラータイプ）

The「春」「夏」「秋」「冬」タイプの方と、2ndシーズンをもつ６タイプの方がいて、パーソナルカラーは大きく10タイプに分類することができます（10Type Color Analysis by 4element®）。

※迷う場合は、巻末の「診断用カラーシート」を顔の下にあててチェックしてみてください（ノーメイク、自然光または白色灯のもとでおこなってください）。

春 Spring タイプ

カジュアル キュート

アクティブ フレッシュ

どんなタイプ？

かわいらしく元気な印象をもつ春タイプ。春に咲き誇るお花畑のような、イエローベースの明るい色が似合います。

肌の色

明るいアイボリー系。なかにはピンク系の方も。皮膚が薄く、透明感があります。

髪・瞳の色

黄みのライトブラウン系。色素が薄く、瞳はガラス玉のように輝いている方が多いです。

似合うカラーパレット

春タイプの色が似合う場合： 肌の血色がアップし、ツヤとハリが出る

春タイプの色が似合わない場合： 肌が黄色くなり、顔が大きく見える

ベースカラー
（コーディネートの基本となる色）：
アイボリー、ライトウォームベージュ、ライトキャメルなど、黄みのライトブラウン系がおすすめ。

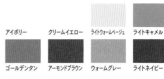

アイボリー クリームイエロー ライトウォームベージュ ライトキャメル

ゴールデンタン アーモンドブラウン ウォームグレー ライトネイビー

アソートカラー
（ベースカラーに組み合わせる色）：
ピーチピンク、ライトターコイズなどを選ぶと、肌がより明るく血色よく見えます。

ピーチピンク アプリコット ライトサーモン コーラルピンク

ライトクリアゴールド パステルイエローグリーン ライトトゥルーグリーン ライトターコイズ

アクセントカラー
（配色に変化を与える色）：
ライトオレンジやブライトイエローなどのビタミンカラー、クリアオレンジレッドなどのキャンディカラーがぴったり。

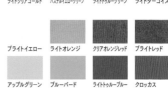

ブライトイエロー ライトオレンジ クリアオレンジレッド ブライトレッド

アップルグリーン ブルーバード ライトトゥルーブルー クロッカス

夏 Summer タイプ

やさしい
さわやか
やわらかい
上品

どんなタイプ？
エレガントでやわらかい印象をもつ夏タイプ。雨のなかで咲く紫陽花のような、ブルーベースのやさしい色が似合います。

肌の色
明るいピンク系。色白で頬に赤みのある方が多いです。

髪・瞳の色
赤みのダークブラウン系か、ソフトなブラック系。穏やかでやさしい印象。

似合うカラーパレット

夏タイプの色が似合う場合：肌の透明感がアップし、洗練されて見える
夏タイプの色が似合わない場合：肌が青白く見え、寂しい印象になる

ベースカラー
(コーディネートの基本となる色)：
ライトブルーグレー、ソフトネイビー、ローズベージュなどで上品に。

| オフホワイト | ローズベージュ | ココア | ローズブラウン |
| ライトブルーグレー | チャコールブルーグレー | ソフトネイビー | グレイッシュブルー |

アソートカラー
(ベースカラーに組み合わせる色)：
青みのある明るいパステルカラーや、少し濁りのあるスモーキーカラーが得意。

| ベビーピンク | ペパーミントグリーン | パウダーブルー | ライトレモンイエロー |
| ローズピンク | モーブピンク | スカイブルー | ラベンダー |

アクセントカラー
(配色に変化を与える色)：
ローズレッド、ディープブルーグリーンなど、ビビッドすぎない色が肌になじみます。

| オーキッド | ストロベリーレッド | ローズレッド | ラズベリー |
| ディープブルーグリーン | ミディアムブルー | ソフトフクシア | プラム |

秋 Autumn タイプ

ゴージャス
シック
落ち着いた
こなれた

どんなタイプ？

大人っぽく洗練された印象をもつ秋タイプ。秋に色づく紅葉のような、イエローベースのリッチな色が似合います。

肌の色

やや暗めのオークル系。マットな質感で、頬に色味がない方も。

髪・瞳の色

黄みのダークブラウン系。グリーンっぽい瞳の方も。穏やかでやさしい印象。

似合うカラーパレット

秋タイプの色が似合う場合：肌の血色がアップし、なめらかに見える

秋タイプの色が似合わない場合：肌が暗く黄ぐすみして、たるんで見える

ベースカラー
（コーディネートの基本となる色）：
ダークブラウン、キャメル、オリーブグリーンなどのアースカラーも地味にならず洗練度アップ。

| バニラホワイト | ベージュ | コーヒーブラウン | ダークブラウン |
| マホガニー | キャメル | ブロンズ | オリーブグリーン |

アソートカラー
（ベースカラーに組み合わせる色）：
サーモンピンク、マスカットグリーンなど、少し濁りのあるスモーキーカラーで肌をなめらかに。

| ディープピーチ | サーモンピンク | マスタード | マスカットグリーン |
| レンガ | アーミーグリーン | ダークターコイズ | レッドパープル |

アクセントカラー
（配色に変化を与える色）：
テラコッタ、ゴールド、ターコイズなど、深みのあるリッチなカラーがおすすめ。

| オレンジレッド | トマトレッド | テラコッタ | オレンジ |
| ゴールデンイエロー | ゴールド | ターコイズ | ディープイエローグリーン |

冬 Winter タイプ

どんなタイプ？

シャープで凛とした印象をもつ冬タイプ。澄んだ冬空に映えるような、ブルーベースのビビッドな色が似合います。

肌の色

明るめか暗めのピンク系。黄みの強いオークル系の方も。肌色のバリエーションが多いタイプ。

髪・瞳の色

真っ黒か、赤みのダークブラウン系。黒目と白目のコントラストが強く、目力があります。

スタイリッシュ
モダン
クール
シャープ

似合うカラーパレット

冬タイプの色が似合う場合：フェイスラインがすっきりし、華やかで凛とした印象になる

冬タイプの色が似合わない場合：肌から色がギラギラ浮いて見える

ベースカラー
（コーディネートの基本となる色）：
白・黒・グレーのモノトーンが似合う唯一のタイプ。濃紺も似合います。

| ピュアホワイト | ライトグレー | ミディアムグレー | チャコールグレー |
| ブラック | グレーベージュ | ネイビーブルー | |

アソートカラー
（ベースカラーに組み合わせる色）：
深みのあるダークカラーで大人っぽく。薄いシャーベットカラーも得意。

| ブルーレッド | マラカイトグリーン | パイングリーン | ロイヤルパープル |
| ペールグリーン | ペールブルー | ペールピンク | ペールバイオレット |

アクセントカラー
（配色に変化を与える色）：
目鼻立ちがはっきりしているので、ショッキングピンクやロイヤルブルーなどの強い色にも負けません。

| トゥルーレッド | チェリーピンク | ショッキングピンク | マゼンタ |
| レモンイエロー | トゥルーグリーン | トゥルーブルー | ロイヤルブルー |

※ベース、アソート、アクセントカラーは配色によって変わることがあります

一度知れば一生役立つ、似合うファッションのルール
「骨格診断」

骨格診断って何？

肌や瞳の色と同じように、生まれもった体型も人それぞれ。骨格診断は、体型別に似合うファッションを提案するメソッドです。

体型といっても、太っているかやせているか、背が高いか低いか、ということではありません。

骨や関節の発達のしかた、筋肉や脂肪のつきやすさ、肌の質感など、生まれもった体の特徴から「似合う」を導き出します。

パーソナルカラーでは自分に似合う「色」がわかる、といいました。一方、骨格診断でわかるのは、自分に似合う「形」と「素材」。

服・バッグ・靴・アクセサリーなど世の中にはさまざまなファッションアイテムがあふれていますが、自分の骨格タイプとそのルールを知っておけば、自分に似合う「形」と「素材」のアイテムを迷わず選びとることができるんです。

体型に変化があっても、骨の太さが大きく変わることはありません。体重の増減が10kg前後あった場合、似合うものの範囲が少し変わってくることはありますが、基本的に骨格タイプは一生変わらないもの。つまり、自分の骨格タイプのルールを一度覚えてしまえば、一生役立ちます。

年齢を重ねるとボディラインが変化していきますが、じつは変化のしかたには骨格タイプごとの特徴があります。そのため、年齢を重ねることでより骨格タイプに合ったファッションが似合うようになる傾向も。

パーソナルカラーと骨格診断。どちらも、「最高に似合う」を「最速で叶える」ためのファッションルール。服選びに迷ったときや、鏡のなかの自分になんだかしっくりこないとき、きっとあなたを助けてくれるはずです。

3つの骨格タイプ「ストレート」「ウェーブ」「ナチュラル」

骨格診断では、体の特徴を「ストレート」「ウェーブ」「ナチュラル」という3つの骨格タイプに分類し、それぞれに似合うファッションアイテムやコーディネートを提案しています。

まずは、3タイプの傾向を大まかにご紹介しますね。

ストレート *Straight*

筋肉がつきやすく、立体的でメリハリのある体型の方が多いタイプ。シンプルでベーシックなスタイルが似合います。

ウェーブ *Wave*

筋肉より脂肪がつきやすく、平面的な体型で骨が華奢な方が多いタイプ。ソフトでエレガントなスタイルが似合います。

ナチュラル *Natural*

手足が長く、やや平面的な体型で骨や関節が目立つ方が多いタイプ。ラフでカジュアルなスタイルが似合います。

骨格診断セルフチェック

診断はこちらの
ウェブサイトでも
できます（無料）

あなたがどの骨格診断のタイプにあてはまるか、セルフ
チェックをしてみましょう。迷った場合は、いちばん近い
と思われるものを選んでください。
①鎖骨やボディラインがわかりやすい服装でおこないましょう。
　（キャミソールやレギンスなど）
②姿見の前でチェックしてみましょう。
③家族や親しい友人と一緒に、体の特徴を比べながらおこなうとわかりやすいです。

Q1 筋肉や脂肪のつき方は？

A 筋肉がつきやすく、二の腕や太ももの前の筋肉が張りやすい。

B 筋肉がつきにくく、腰まわり、お腹など下半身に脂肪がつきやすい。

C 関節が大きく骨も太め。肉感はあまりなく、骨張っている印象だ。

Q2 首から肩にかけてのラインは？

A 首はやや短め。肩まわりに厚みがある。

B 首は長めで細い。肩まわりが華奢で薄い。

C 首は長くやや太め。筋が目立ち肩関節が大きい。

Q3 胸もとの厚みは？

A 厚みがあり立体的(鳩胸っぽい)、バストトップは高め。

B 厚みがなく平面的、バストトップはやや低め。

C 胸の厚みよりも、肩関節や鎖骨が目立つ。

Q4 鎖骨や肩甲骨の見え方は？

A あまり目立たない。

B うっすらと出ているが、骨は小さい。

C はっきりと出ていて、骨が大きい。

Q5 体に対する手の大きさや関節は？

A 手は小さく、手のひらは厚い。骨や筋は目立たない。

B 大きさはふつうで、手のひらは薄い。骨や筋は目立たない。

C 手は大きく、厚さより甲の筋や、指の関節、手首の骨が目立つ。

Q6 手や二の腕、太ももの質感は？

A 弾力とハリのある質感。

B ふわふわとやわらかい質感。

C 皮膚がややかためで、肉感をあまり感じない。

Q7 腰からお尻のシルエットは？

A 腰の位置が高めで、腰まわりが丸い。

B 腰の位置が低めで、腰が横（台形）に広がっている。

C 腰の位置が高めで、お尻は肉感がなく平らで長い。

Q8 ワンピースならどのタイプが似合う？

A Iラインシルエットでシンプルなデザイン

B フィット＆フレアのふんわり装飾性のあるデザイン

C マキシ丈でゆったりボリュームのあるデザイン

Q9 着るとほめられるアイテムは？

A パリッとしたコットンシャツ、ハイゲージ（糸が細い）のVネックニット、タイトスカート

B とろみ素材のブラウス、ビジューつきニット、膝下丈のフレアスカート

C 麻の大きめシャツ、ざっくり素材のゆったりニット、マキシ丈スカート

Q10 どうもしっくりこないアイテムは？

A ハイウエストワンピ、シワ加工のシャツ、ざっくり素材のゆったりニット

B シンプルなVネックニット、ローウエストワンピ、オーバーサイズのカジュアルシャツ

C シンプルなTシャツ、フィット＆フレアの膝丈ワンピ、ショート丈ジャケット

--- 診 断 結 果 ---

✓ **A** が多かった方は **ストレート**タイプ

✓ **B** が多かった方は **ウェーブ**タイプ

✓ **C** が多かった方は **ナチュラル**タイプ

いちばん多い回答が、あなたの骨格タイプです（2タイプに同じくらいあてはまった方は、ミックスタイプの可能性があります）。BとCで悩んだ場合は、とろみ素材でフィット感のある、フリルつきのブラウス＆膝丈フレアスカートが似合えばウェーブタイプ、ローゲージ（糸が太い）のざっくりオーバーサイズのニット＆ダメージデニムのワイドシルエットが似合う方は、ナチュラルタイプの可能性が高いです。

ストレート Straight タイプ

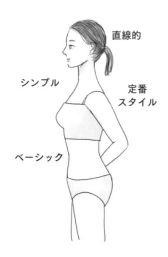

直線的

シンプル

定番スタイル

ベーシック

どんなタイプ？

グラマラスでメリハリのある体が魅力のストレートタイプ。シンプルなデザイン、適度なフィット感、ベーシックな着こなしで「引き算」を意識すると、全体がすっきり見えてスタイルアップします。

体の特徴

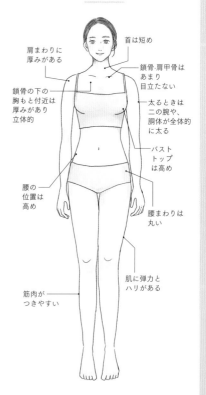

肩まわりに厚みがある

首は短め

鎖骨・肩甲骨はあまり目立たない

鎖骨の下の胸もと付近は厚みがあり立体的

太るときは二の腕や、胴体が全体的に太る

バストトップは高め

腰の位置は高め

腰まわりは丸い

肌に弾力とハリがある

筋肉がつきやすい

似合うファッションアイテム

パリッとしたシャツ、Vネックニット、タイトスカート、センタープレスパンツなど、シンプル＆ベーシックで直線的なデザイン。

似合う着こなしのポイント

Vネックで胸もとをあける、腰まわりをすっきりさせる、サイズやウエスト位置はジャストにする、Iラインシルエットにする、など。

似合う素材

コットン、ウール、カシミヤ、シルク、表革など、ハリのある高品質な素材。

似合う柄

チェック、ストライプ、ボーダー、大きめの花柄など、直線的な柄やメリハリのある柄。

ウェーブ Wave タイプ

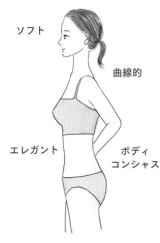

ソフト

曲線的

エレガント　　ボディ
　　　　　　　コンシャス

どんなタイプ？

華奢な体とふわふわやわらかい肌質が魅力のウェーブタイプ。曲線的なデザインや装飾のあるデザインで「足し算」を意識すると、体にほどよくボリュームが出て、エレガントさが際立ちます。

体の特徴

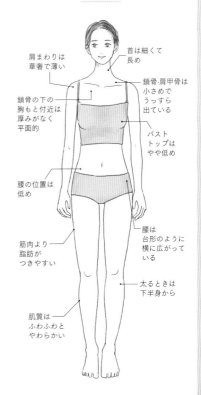

首は細くて
長め

肩まわりは
華奢で薄い

鎖骨・肩甲骨は
小さめで
うっすら
出ている

鎖骨の下の
胸もと付近は
厚みがなく
平面的

バスト
トップは
やや低め

腰の位置は
低め

腰は
台形のように
横に広がって
いる

筋肉より
脂肪が
つきやすい

太るときは
下半身から

肌質は
ふわふわと
やわらかい

似合うファッションアイテム

フリルや丸首のブラウス、プリーツやタックなど装飾のあるフレアスカート、ハイウエストのワンピースなど、ソフト＆エレガントで曲線的なデザイン。

似合う着こなしのポイント

フリルやタックで装飾性をプラスする、ハイウエストでウエストマークをして重心を上げる、フィット（トップス）＆フレア（ボトムス）のXラインシルエットにする、など。

似合う素材

ポリエステル、シフォン、モヘア、エナメル、スエードなど、やわらかい素材や透ける素材、光る素材。

似合う柄

小さいドット、ギンガムチェック、ヒョウ柄、小花柄など、小さく細かい柄。

ナチュラル Natural タイプ

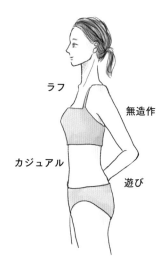

ラフ

無造作

カジュアル

遊び

どんなタイプ？

しっかりした骨格と長い手足が魅力のナチュラルタイプ。ゆったりシルエットや風合いのある天然素材で「足し算」を意識すると、骨格の強さとのバランスがとれて、こなれた雰囲気に仕上がります。

体の特徴

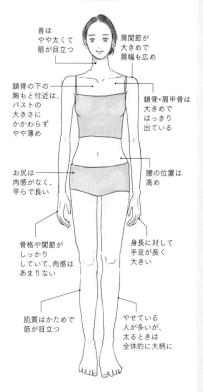

首は
やや太くて
筋が目立つ

肩関節が
大きめで
肩幅も広め

鎖骨の下の
胸もと付近は、
バストの
大きさに
かかわらず
やや薄め

鎖骨・肩甲骨は
大きめで
はっきり
出ている

お尻は
肉感がなく、
平らで長い

腰の位置は
高め

骨格や関節が
しっかり
していて、肉感は
あまりない

身長に対して
手足が長く
大きい

肌質はかためで
筋が目立つ

やせている
人が多いが、
太るときは
全体的に大柄に

似合うファッションアイテム

麻のシャツ、ざっくりニット、ワイドパンツ、マキシ丈スカートなど、ラフ＆カジュアルでゆったりとしたデザイン。

似合う着こなしのポイント

ボリュームをプラスしてゆったりシルエットをつくる、長さをプラス＆ローウエストにして重心を下げる、肌をあまり出さない、など。

似合う素材

麻、コットン、デニム、コーデュロイ、ムートンなど、風合いのある天然素材や厚手の素材。

似合う柄

大きめのチェック、ストライプ、ペイズリー、ボタニカルなど、カジュアルな柄やエスニックな柄。

Chapter 1

夏 × ウェーブタイプの
魅力を引き出す
ベストアイテム

1

ラベンダーのツインニット

夏×ウェーブタイプのエレガントさを引き立てるラベンダーは、トップスでとり入れると肌の透明感がアップ。ツインニットなら着まわしやすく、体に適度なボリュームをプラスしてくれるのでおすすめです。こなれた印象になるハイネックは、襟が高すぎると胸の位置がより低く見えるため、襟が低めのものを選んで。鎖骨の長さのネックレスを合わせるとバランスが整い、華やかさも増します。

Twin knit /
KOBE LETTUCE

エレガントの代表色を
コーディネートの主役に

2

ネイビーのワンピース

誠実なイメージをもつネイビーは、きちんとし
たシーンにぴったりのベーシックカラー（定番
色）。とろみ素材のワンピースでとことん上品に。
ウェーブタイプの王道シルエットは、X ラインを
演出する「フィット＆フレア」。高めの位置で絞
られたウエストや、ふんわり広がる膝下丈のス
カートがスタイルアップを叶えます。胸もとを華
やかに飾るデザインもポイント。

One piece / ザ・スーツ
カンパニー

まわりにも自分にも誠実でいたい日に選ぶ色

3

オフホワイトのプリーツスカート

パンツよりもスカートが得意なウェーブタイプ。
風にひらひら揺れる軽い素材のプリーツスカート
は、やさしいオフホワイトでちょっぴり甘く。トッ
プスはハイウエスト位置でインして重心アップ。
脚長効果も期待できます。ウェーブタイプがロン
グスカートをはくときは、長すぎない丈を選んで。
足首が見えるくらいの丈が好バランスです。

Skirt / mite

歩くたびに揺れる

繊細なシルエット

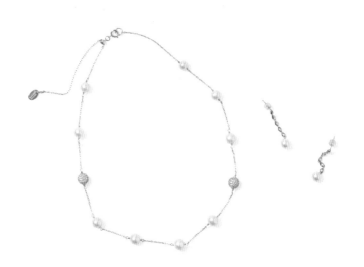

鉄則

4

パールの揺れるピアス
パール×シルバーのネックレス

夏タイプに似合うパールは、オフホワイトや淡い
ピンクで、8mm以下の小ぶりのもの。シルバー
カラーの金属とのコンビネーションなら、肌の色
と調和して透きとおるような美肌に。骨格が華奢
なウェーブタイプには、アクセサリーも華奢なデ
ザインがマッチ。ピアスはノーブルな雰囲気の揺
れるタイプ、ネックレスは鎖骨にかかる程度の長
さで重心を上げましょう。

Necklace /
VENDOME BOUTIQUE
Earrings /
VENDOME AOYAMA

パールとシルバーで叶える
透きとおる美しさ

5

ローズピンクの
ロマンティックメイク

夏×ウェーブタイプには、青みと濁りを感じるロー
ズピンク系のコスメがおすすめ。上品なニュアン
スカラーが肌になじみ、甘すぎない大人のロマン
ティックメイクに仕上がります。マットな質感が
得意な夏タイプですが、夏×ウェーブタイプなら
しっとりとしたツヤ感や、適度な光沢も似合いま
す。シルバー系の繊細なラメやパールが入ったア
イシャドウで、目もとに知的な輝きを添えて。

アイシャドウ /
CHANEL レ ベージュ パ
レット
ルガール 184185 ライト
チーク /
CLINIQUE チーク ポッ
プ 15 パンジー ポップ
リップ /
DECORTÉ ルージュ デ
コルテ 27 dusty rose

大人の "かわいい" は
洗練されたピンクでつくる

夏×ウェーブはどんなタイプ?

肩肘張らない大人のエレガンス
夏タイプ、ウェーブタイプともに、エレガントでやわらかい雰囲気のファッションが似合うタイプ。繊細なニュアンスカラーや華奢なデザインも自然に着こなす、奥ゆかしい美しさをもっています。上品な色やアイテムを選ぶようにすると、もち前の魅力が最大限に発揮されます。

イメージワード
エレガント、ロマンティック、ソフト、しとやか

夏×ウェーブタイプの有名人
浜辺美波、宮﨑あおい、戸田恵梨香
(※写真での診断によるものです)

夏タイプの特徴　　　　　ウェーブタイプの特徴

・ブルーベース、高明度、低彩度、マット
・エレガントでやさしい色が似合う

・華奢でソフトな体
・曲線的で装飾のあるアイテムが似合う

似合う色、苦手な色

夏タイプに似合う色

夏タイプに属する色は、夏タイプ以外の方が身につけると顔色が抜けて青白く見えてしまいます。一方で、もともと血色のいい夏タイプの方が身につけると、青白くならずに肌の透明感がアップ。

ウェーブタイプの方には、エレガントテイストを代表する色であるラベンダーがとくにおすすめです。

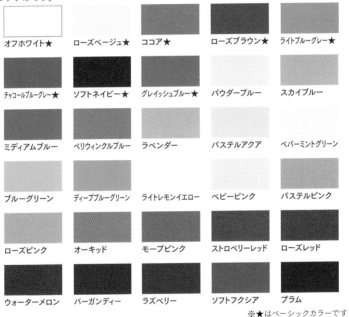

オフホワイト★	ローズベージュ★	ココア★	ローズブラウン★	ライトブルーグレー★
チャコールブルーグレー★	ソフトネイビー★	グレイッシュブルー★	パウダーブルー	スカイブルー
ミディアムブルー	ペリウィンクルブルー	ラベンダー	パステルアクア	ペパーミントグリーン
ブルーグリーン	ディープブルーグリーン	ライトレモンイエロー	ベビーピンク	パステルピンク
ローズピンク	オーキッド	モーブピンク	ストロベリーレッド	ローズレッド
ウォーターメロン	バーガンディー	ラズベリー	ソフトフクシア	プラム

※★はベーシックカラーです

夏タイプが苦手な色

やさしい顔立ちの方が多いので、強すぎるビビッドカラーは色だけが浮いてしまいマッチしません。暗すぎる色、キャメルやカーキ系など黄みの強い色も、顔が暗くなったり黄色くくすんだりします。暗い色でもソフトネイビーは似合う色なので、フォーマルな場などではアクセサリーで顔に光を集めながら身につけましょう。

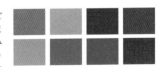

色選びに失敗しないための基礎知識

色の「トーン」のお話

実際に服やコスメを選ぶときは、39ページの似合う色のカラーパレットと照らし合わせると選びやすいと思います。

ここからは、「カラーパレットにない色を選びたい」「似合う色を自分で見極められるようになりたい」という方のために、ちょっと上級者向けの色のお話をしますね。

下の図は、色を円環状に配置した「色相環」という図です。これは、赤・緑・青などの「色相」（色味の違い）を表しています。この色相環をもとに、ベースの色味が決まります。

ただ、色の違いは色相だけでは説明できません。同じ赤でも、明るい赤や暗い赤、鮮やかな赤やく

すんだ赤があるように、色には「明度」（明るさ）や「彩度」（鮮やかさ）という指標もあります。

明度や彩度が異なることによる色の調子の違いを「トーン」と呼んでいます。右ページ下の図は、色相とトーンをひとつの図にまとめたもの。

「ビビッド」は純色と呼ばれる、最も鮮やかな色。そこに白を混ぜていくと、だんだん高明度・低彩度に。黒を混ぜていくと、だんだん低明度・低彩度になります。

白か黒を混ぜるだけでは色は濁らずクリア（清色）ですが、グレー（白＋黒）を混ぜるとマット（濁色）になります。

色相環

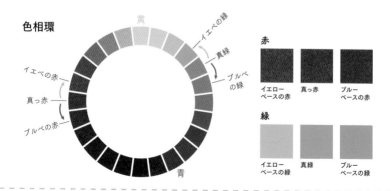

黄

イエベの緑
真緑
ブルベの緑

イエベの赤
真っ赤
ブルベの赤

青

赤
イエローベースの赤　真っ赤　ブルーベースの赤

緑
イエローベースの緑　真緑　ブルーベースの緑

夏タイプに似合う色のトーンは？

　個人差はありますが、下のトーン図でいうと、sf（ソフト）、ltg（ライトグレイッシュ）、lt（ライト）、s（ストロング）、d（ダル）が夏タイプに似合いやすい色。このなかでも

青みのある色を選べば OK です。

　夏タイプの方は、グレーが混ざっていない清色を身につけるとよりさわやかな印象に、濁色を身につけるとより上品な印象になります。

ベース（色相）
イエロー ← → ブルー
You!

明るさ（明度）
明るめ ← → 暗め
You!

鮮やかさ（彩度）
高め ← → 低め
You!

クリア or マット（清濁）
クリア ← → マット
You!

トーン図

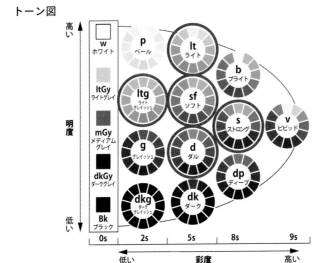

第一印象は「フォーカルポイント」で決まる

フォーカルポイントとは？

おでこから胸もとまでの約30cmのゾーンを「フォーカルポイント」（目を引く部分）といいます。私たちは人と対面するとき、相手のフォーカルポイントを見てその人がどんな人かを無意識に判断しています。

つまり、顔だけでなく「服のネックライン」までもが第一印象を左右するということ。

「似合う」を手軽に、でも確実に手に入れるためには、顔まわりにパーソナルカラーをもってくることと同時に、服のネックラインにこだわることがとても大切なんです。

似合うフォーカルポイントのつくり方

似合うネックラインと、苦手なネックライン。それは、骨格タイプによって決まります。

上半身が華奢で、首が細く長いウェーブタイプは、ネックラインをあけすぎないことが鉄則。ネックラインが大きく縦にあいた服を着ると、体の華奢さや首の長さが強調されすぎ見えてしまいます。

ウェーブタイプに似合うネックラインは、ラウンドネックやボートネック。シンプルなトップスよりも、襟もとにギャザーやフリル、リボンやビジューなど装飾のついたデザインのほうが、適度なボリュームが出て華やかになります。

きちんとしたシーンでは、直線的なシャツより曲線的なブラウスがおすすめ。

反対に、ネックラインの高いタートルネックを着ると、バストトップ位置の低さが目立ってバランスが悪くなってしまう傾向。

選ぶなら、襟が高すぎないプチハイネックがおすすめです。鎖骨の長さのネックレスを重ねて襟もとを分断すると、よりバランスが整う効果も。

ネックラインのほか、フォーカルポイントに近いスリーブ（袖）ラインも、肩まわりや二の腕の印象に影響を与えます。ネックラインに加えて意識するとさらに効果的！

似合う！

首もとが詰まったラウンドネックなら、胸もとが寂しく見えない！
夏タイプに似合う、紫系のオーキッドでエレガントに。

しっくり
こない……

首もとが大きく縦にあいていると、華奢さや首の長さが目立つ。
黄みの強い色、シンプルなデザインも苦手。

［夏×ウェーブタイプ］ **似合うネックライン**

ラウンドネック　　ボートネック　　ピーターパンカラー　　オフタートル

ボーカラー　　タイカラー　　ラッフルドカラー　　セーラーカラー

［夏×ウェーブタイプ］ **似合うスリーブライン**

ノースリーブ　　フレンチスリーブ　　七分袖　　パフスリーブ　　タックドスリーブ

体の質感でわかる、似合う素材と苦手な素材

やわらかい素材が似合うウェーブタイプ

　骨格診断でわかるのは、似合うファッションアイテムの「形」と「素材」。形だけでなく素材もまた、似合う・似合わないを決める重要なポイントです。

　ウェーブタイプは、筋肉より脂肪がつきやすく、肌の質感がやわらかい方が多いタイプ。肌質にマッチするやわらかい素材や薄くて軽い素材、透ける素材が似合います。

　たとえば、動くとひらひら揺れるようなポリエステルやシフォン、繊細なレースなどはとても得意。ブラウスやスカート、ワンピースにとり入れると、エレガントさが引き立ちます。

　冬なら、ソフトな風合いのファンシーツイードやスエードのジャケット、毛足の長いモヘアやアンゴラのニットなどもおすすめです。ふんわりした素材のトップスを身につけても着太りして見えないのはウェーブタイプだからこそ。

　光沢のある素材も得意なので、大人っぽい着こなしをするならベロアやエナメルにもぜひトライしてみてください。

体の質感と合いにくいのはどんな素材？

　パリッとした綿シャツやギャバジン生地のトレンチコートなど、ストレートタイプに似合うようなフラットでハリのある素材は苦手。やわらかい肌質とマッチしにくく、制服を着ているような印象になります。

　また、厚手のローゲージニットやムートンのコートなど、ナチュラルタイプに似合うような素材も、服に着られているような印象になり苦手です。

　カジュアルよりエレガントな素材が似合いやすいウェーブタイプですが、カジュアルの定番、デニムパンツをはきたいときもあると思います。

　そんなときはかたいデニムではなく、ストレッチのきいたやわらかいデニムを選んでみてください。スリムタイプで、足首の出るクロップド丈がおすすめです。

ウェーブタイプに似合う素材

シフォン

ファンシーツイード

モヘア

アンゴラ

スエード

コットン

ウェーブタイプに似合う柄

ドット

花柄

ギンガムチェック

千鳥格子

レオパード

ペイズリー

重心バランスを制すると、
スタイルアップが叶う

自分の体の「重心」はどこにある?

　骨格タイプごとにさまざまな体の特徴がありますが、大きな特徴のひとつに「重心」の違いがあります。骨格診断でいう重心とは、体のなかでどこにボリュームがあるかを示す言葉。

　ストレートタイプは、胸もとに立体感がありバストトップの高い方が多いので、横から見るとやや上重心ですが、基本的に偏りはなく「真ん中」。

　ウェーブタイプは、バストトップや腰の位置が低く、腰の横張りがある「下重心」。

　ナチュラルタイプは、肩幅があって腰の位置が高く、腰幅の狭い「上重心」の方が多いです。

　自分の体の重心がどこにあるかを知り、服や小物で重心を移動させてちょうどいいバランスに調整する。これが、スタイルアップの秘訣です!

ウェーブタイプに似合う重心バランス

　重心バランスを調整するためにまずチェックしたいのが、「ウエスト位置」と「トップスの着丈」。ウェーブタイプは下重心の方が多いため、重心を上げるアイテムや着こなしを選ぶとバランスが整います。

　ウエスト位置はハイウエスト。トップスの着丈は、腰骨に少しかかる丈かそれより短いショート丈が好バランスです。ハイウエストのボトムスにトップスをインする、ベルトやリボンを使って高めの位置でウエストマークするなど、着こなしを工夫して重心を上げるのも効果的。

　トップスをタイトフィットのショート丈にし、高い位置でウエストをきゅっと絞り、ふわっと広がるフレアスカートを合わせて、「フィット&フレア」のXラインシルエットをつくる。これがウェーブタイプのスタイルアップを叶える最大の秘訣なので、ぜひ覚えてくださいね。

　重心バランスには、服だけでなく小物も関係します。

　バッグは、もつ位置によって重心を上下させることが可能。ウェーブタイプは小さめのバッグを肩からかけると重心が上がります。

　靴は、ボリュームによって重心を上下させます。ウェーブタイプは、細いストラップやピンヒールなど華奢なデザインの靴で。フラットシューズを履くならスニーカーよりバレエシューズがおすすめですが、スニーカーの場合はできるだけスリムでコンパクトなものを選びます。

　ネックレスの長さも抜かりなく! 　約40〜45cmで鎖骨にかかるくらいの、「プリンセス」と呼ばれる長さのネックレスが相性抜群です。

結論！
夏×ウェーブタイプに似合う
王道スタイル

上品な夏カラーの
フィット＆フレア
スタイル

鎖骨の長さの
「プリンセス」タイプ
のネックレス

甘めデザインの
華奢なアクセサリー

夏タイプの
パーソナルカラーで
上品に

首もとが詰まった
ボートネック

コンパクトな
トップス

やわらかい肌質に合う
やわらかい素材

ウエストは
高めの位置でマーク

Xラインシルエット

裾が広がる
プリーツスカート

小さめバッグ

ロングスカート
の場合は、マキシ
ではなく足首が
出る丈

コンパクトな
バレエシューズ

パーソナルカラーと
骨格診断に
合っていない
ものを着ると……

黄みの強い色は、
顔色が黄ぐすみする原因

首もとがあいていて、
華奢さや首の長さが
目立つ

ベーシックな
アイテムだと
寂しい印象

重心が下がって
バランスがイマイチ

苦手はこう攻略する！

Q. 苦手な色のトップスを着たいときは？

A1. セパレーションする

苦手な色を顔から離す方法が「セパレーション」。
首もとに似合う色のネックレスやスカーフをする
など、似合う色を少しでも顔まわりにもってくる
ことが大切。セパレーションが難しいタートル
ネックは似合う色を選ぶことをおすすめします。

A2. メイクは似合う色にする

メイクの色は顔に直接的な影響を与えます。苦手
な色のトップスの影響を和らげるには、アイシャ
ドウ・チーク・リップを似合う色で徹底！

Q. 暗い色のトップスを着たいときは？

A. アクセサリーで顔に光を集める

夏タイプの方は暗すぎる色が苦手なので、代わりにピアス・イヤリングやネックレスで
顔に光を集めましょう。真っ白すぎず黄みがありすぎないオフホワイトのパールがおす
すめ。

Q. 鮮やかな色のトップスを着たいときは？

A. 黒縁メガネをかける

やさしい顔立ちの方が多い夏タイプ。ビビッドな色や黒のトップスを着たいときは、顔
の印象が色に負けないように黒縁メガネをかけると、ちょうどいいバランスに。

夏×ウェーブタイプのベストアイテム12

　ここからは、夏×ウェーブタイプの方におすすめしたいベストアイテム12点をご紹介。夏×ウェーブタイプの魅力を最大限に引き出してくれて、着まわし力も抜群のアイテムを厳選しました。

　これらのアイテムを使った14日間のコーディネート例もご紹介するので、毎日の着こなしにぜひ活用してください。

● BEST ITEM 1 ●

ネイビーのレースTシャツ

　上半身が華奢でなで肩の方が多いウェーブタイプは、シンプルなTシャツより、袖にレースやフリルがあしらわれたデザイン性の高いTシャツが得意。首もとが縦にあかないラウンドネックで、色はシックなネイビー。

シックな
ネイビー

首もとが詰まった
ラウンドネック

コンパクトな
サイズ感

レース＆フリル袖で
上半身や肩まわりに
ボリュームをプラス

薄手素材や
ストレッチ素材

T-shirt / KOBE LETTUCE

オフホワイトのブラウス

きちんとしたシーンには、直線的でパリッとしたシャツより、やわらか素材のエレガントなブラウスがおすすめ。リボンが華やかなタイカラーブラウスで立体感をプラスして。肌なじみのいいオフホワイトが◎。

シャツより
ブラウスで
エレガントに

胸もとを華やかに
魅せるタイカラー

やわらかい素材

真っ白ではなく
オフホワイト

Blouse / KOBE LETTUCE

ラベンダーのツインニット

重ね着などの足し算コーデが得意なウェーブタイプ。似合う色のツイン
ニットを1着もっていると重宝します。薄手のやわらかい素材、コンパ
クトなサイズ感、首もとが詰まったプチハイネックで品よくおしゃれに。

襟が低めの
プチハイネック

薄手の
やわらかい素材

コンパクトな
サイズ感

エレガントの代表色、
ラベンダー

足し算コーデの味方、
ツインニット

Twin knit / KOBE LETTUCE

オフホワイトのプリーツスカート

細いプリーツとシフォン素材のスカートは、繊細なデザインが似合う
ウェーブタイプらしさの詰まった1着。下重心の体型を軽やかに見せて
くれる効果も。細い足首が見える長すぎない丈で、大人っぽさと軽さを同
時に叶えます。

ハイウエスト

細いプリーツ —

やさしい
オフホワイト

足首が
見える丈

風に
ひらひら揺れる
軽い素材

Skirt / mite

グレーのテーパードパンツ

腰の横張りが目立つパンツよりスカートが似合うウェーブタイプですが、
パンツなら細身のテーパードがおすすめ。クロップド丈で重心を上げて。
どんな色のトップスも合わせやすいシックなグレーがイチオシ。

薄手素材や
ストレッチ素材

洗練度がグッと
高まるグレー

足首が覗く
クロップド丈

細身の
テーパード

Pants / marvelous by Pierrot

ネイビーのワンピース

ネイビーの面積が多くても地味にならず、むしろ洗練されて見えるのが夏タイプの魅力。ボウタイ風デザインが華やかな X ラインシルエットのワンピースで、シックな甘さを楽しんで。膝下丈で品よく重心アップ。

胸もとを華やかにする
ボウタイ風デザイン

ネイビーワンピで
洗練度＆信頼度アップ

薄手の
やわらかい素材

高めの位置で
きゅっと絞られた
ウエスト

裾がふんわり広がる
フレアスカート

上品で重心も
上がる膝下丈

One piece / ザ・スーツカンパニー

ライトグレーのショートジャケット

ジャケットを選ぶときは、やさしい顔立ちをよりエレガントに見せる明るい色がおすすめ。ラウンドネックのノーカラー、腰骨上くらいのショート丈、地と柄のコントラストが弱い上品なファンシーツイードが似合います。

ノーカラー

ソフトで華やかな
ファンシー
ツイード素材

色の
コントラストが
弱くて細かい柄

体にフィットする
細身シルエット

重心を上げる
ショート丈

エレガントな
ライトグレー

シルバーグレーのトレンチコート

ウェーブタイプは、薄手でやわらかい綿、もしくはポリエステルのトレンチコートをチョイス。ウエストベルトを高い位置できゅっと結んでメリハリをつけて。定番のベージュではなくシルバーグレーを選んで美肌を叶えましょう。

シルバーグレーで
肌の透明感アップ

薄手でやわらかい綿
orポリエステル素材

Xライン
シルエットを
つくる

ベルトを
ハイウエスト
位置で結ぶ

ミディアム〜
ショート丈

Trench coat / 編集部私物

グ レ ー の ミ ニ バ ッ グ

バッグを選ぶときは、華奢な骨格に合う小さめサイズで丸みのあるものを。
マットな質感のグレーは夏タイプをより上品に見せてくれます。ハンド
バッグにもショルダーバッグにもなる2wayタイプなら使い勝手も抜群。

上品で合わせやすい
グレー

ショルダーベルト
つきの2wayタイプ

マットな質感 ─

小さめで丸みの
あるデザイン

Bag / marvelous by Pierrot

グ レ ー の ス エ ー ド パ ン プ ス

靴も骨格に合わせて華奢なものを。重心を上げる役目も担ってくれます。
ピンヒールのコンパクトなデザイン、やわらかいスエード素材、バッグに
合わせたスモーキーなグレーで、夏×ウェーブにぴったりの足もとに。

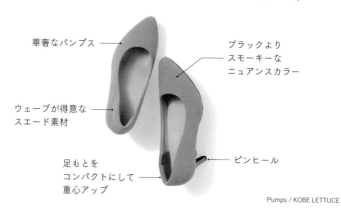

華奢なパンプス ─

ブラックより
スモーキーな
ニュアンスカラー

ウェーブが得意な
スエード素材

足もとを
コンパクトにして
重心アップ

ピンヒール

Pumps / KOBE LETTUCE

113-0023

東京都文京区向丘2-14-9

サンクチュアリ出版

『パーソナルカラー夏×骨格診断ウェーブ
似合わせBOOK』
読者アンケート係

ご住所 　〒□□□-□□□□

TEL※

メールアドレス※

お名前	男 ・ 女
	（　　歳）

ご職業

1 会社員　2 専業主婦　3 パート・アルバイト　4 自営業　5 会社経営　6 学生　7 その他

ご記入いただいたメールアドレスには弊社より新刊のお知らせや イベント情報などを送らせていただきます。 希望されない方は、こちらにチェックマークを入れてください。	メルマガ不要 □

ご記入いただいた個人情報は、読者プレゼントの発送およびメルマガ配信のみに使用し、
その目的以外に使用することはありません。

※プレゼント発送の際に必要になりますので、必ず電話番号およびメールアドレス、
　両方の記載をお願いします。

弊社HPにレビューを掲載させていただいた方全員にAmazonギフト券（1000円分）をさしあげます。

パールの揺れるピアス
パール×シルバーのネックレス

シックなシルバーに、真っ白ではなくオフホワイトの小ぶりなパールが施された アクセサリー。繊細でノーブルなデザインが似合います。ピアスやイヤリングは耳から下がるタイプ、ネックレスは鎖骨の長さがおすすめ。

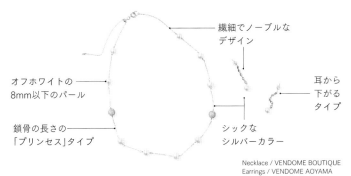

繊細でノーブルな
デザイン

オフホワイトの
8mm以下のパール

耳から
下がる
タイプ

鎖骨の長さの
「プリンセス」タイプ

シックな
シルバーカラー

Necklace / VENDOME BOUTIQUE
Earrings / VENDOME AOYAMA

シルバーの腕時計

手首をさりげなく飾る腕時計も、機能性だけでなく色や形にこだわってコーディネートを楽しみましょう！ 夏×ウェーブタイプは、涼しげなシルバーで小さめ円形フェイスのものを。ブレスレット風につけられる華奢なタイプが◎。

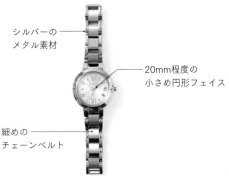

シルバーの
メタル素材

20mm程度の
小さめ円形フェイス

細めの
チェーンベルト

Watch / シチズン クロスシー

着まわしコーディネート 14Days

　自分に本当に似合うものを選ぶと、「最小限のアイテム」で「最高に似合うコーディネート」をつくることができるようになります。

　先ほどのベストアイテム12点をベースに、スタイリングの幅を広げる優秀アイテムをプラスして、夏×ウェーブタイプに似合う14日間のコーディネート例をご紹介します。

● BEST ITEM ●

① ネイビーのレースTシャツ

② オフホワイトのブラウス

③ ラベンダーのツインニット

④ オフホワイトのプリーツスカート

⑤ グレーのテーパードパンツ

⑥ ネイビーのワンピース

⑦ ライトグレーのショートジャケット

⑧ シルバーグレーのトレンチコート

⑨ グレーのミニバッグ

⑩ グレーのスエードパンプス

⑪ パールの揺れるピアス／パール×シルバーのネックレス

⑫ シルバーの腕時計

A スカイブルーのブラウス
Blouse / nissen（編集部私物）

B ローズピンクのニット
Knit / nissen（編集部私物）

C パウダーブルーのジレ
Gilet / KOBE LETTUCE

D ウォッシュドデニムのスリムパンツ
Jeans / marvelous by Pierrot

E ピンクベージュのノーカラージャケット
Jacket / EmiriaWiz

F ライトグレーのノーカラーコート
Coat / 編集部私物

バッグ

Bag（上イエロー）/ cache cache、（右ブラックバニティ）/ KOBE LETTUCE、（左ホワイト）/ marvelous by Pierrot、（下赤）/ 編集部私物

靴

Boots / 卑弥呼、Ballet shoes（上ベージュ）/ wellge、Flat shoes（左グレービジューつき）・Ballet shoes（下赤）/ KOBE LETTUCE、Pumps（右ブラック）/ RANDA

アクセサリー

Watch / シチズン エクシード、Earrings（上お花モチーフ）・Necklace（左お花モチーフ）/ VENDOME BOUTIQUE、Earrings（下パール）/ Meach.、Necklace（中パール）/ VENDOME AOYAMA、Necklace（左 パール×シルバー）/ marvelous by Pierrot

メガネ・サングラス

Sunglasses, Glasses / Zoff

そのほかの小物

Stole（左グレーファーつき、中ホワイト、中ラベンダー）・Beret / FURLA、Stole（上ミントグリーン）/ 編集部私物

Day1

エレガント×カジュアルのミックスを楽しむ

オフホワイトのタイカラーブラウスにパウダーブルーのジレを合わせると、さわやかでエレガントな雰囲気に。そこにあえてウォッシュドデニムを合わせてカジュアルダウンさせ、ミックススタイルを楽しんで。小物はグレーのバッグとビジューつきスエードパンプスで、品のいい華やかさをプラス。足首をほどよく見せると重心がアップします。

Ⓐ+Ⓑ+Ⓒ+Ⓒ+Ⓓ

Day2

色で凛としたさわやかさを、素材やデザインでかわいらしさを出した、夏×ウェーブタイプらしいデートスタイル。暗い色を選びがちなバッグと靴も明るい色でまとめると、コーディネートが軽やかに仕上がります。白蝶貝のアクセサリーやシルバーの腕時計、パンプスのビジューなど、上品な輝きを全体にちりばめて魅力をアップさせて。

④＋⑦＋Ⓐ

仕事相手と会う日は
ネイビー×グレーで

Day3

誠実なイメージのネイビーとシックなグレーの組み合わせは、信頼関係を築きたい相手と会うときにおすすめ。ネイビーの反対色のレッドをバッグでとり入れると、おしゃれなアクセントになります。暗い色のトップスを着るときは、パールのネックレスや明るい色のジャケットで顔まわりに光を集めて、肌を明るく。華やかさもプラスされます。

①＋⑤＋⑪＋Ⓔ

Day4

シックなグレーのパンツは、紫陽花のようなやさしい色を合わせるとエレガントに。夏タイプなら誰にでも似合いやすいピンクベージュのジャケットに、ラベンダーのニットとメガネ、同系色のベビーピンクのストールを合わせた甘めのコーディネートです。バッグと靴で少量のブラックを足すと、淡いトーンが引き締まって洗練度アップ。

③+⑤+⑪+A

パンツスタイルには
エレガントカラーをちりばめて

Day5

夏はジレをノースリーブ風に着て、ウェーブタイプならではのスリムな二の腕を見せるのもアリ。パウダーブルー×オフホワイトのさわやかな配色に、ブルーの反対色相のイエローを足して軽快な雰囲気に。反対色相でもトーンを合わせるとまとまりが出ます。サングラスと靴の色をさりげなくリンクさせたら、友人とのお出かけに着たい楽しげなコーディネートの完成。

④+⑪+C

さわやか夏コーデで
友人と待ち合わせ

子どもの学校行事は上品さを最重視

Day6

ネイビーのとろみワンピースに、ライトグレーのファンシーツイードジャケットを合わせた、オケージョンも OK の上品スタイル。明るい色のジャケットが、顔をパッと明るく照らしてやさしい印象にしてくれます。グレーのバッグと靴でベーシックにまとめたら、パールのアクセサリーとシルバーの腕時計でほどよい華やかさを添えましょう。

⑥+⑦+⑧+⑪+⑬

アクティブで
かわいい
Day7　フレンチカジュアル

ホワイト×ブルー×レッドのトリコロール配色。大きめのリボン結びにしたタイカラーブラウスに、少しロールアップしたデニムを合わせると、かわいいなかにもアクティブさを感じられるフレンチカジュアルに仕上がります。足もとはスニーカーより、甘さのあるバレエシューズがおすすめ。たくさん歩く日に使えて、ウェーブタイプの骨格にもマッチします。

②+⑪+Ⓓ

Day8

気品を感じる配色で記念日ディナー

ラベンダーとネイビーは類似色相（隣接色相より色味の差がある同系色）のため合わせやすく、ノーブルな雰囲気になる配色。やさしいグレーのバッグと靴でシックにまとめます。冷房のきいた室内でさっと羽織るのに便利なストールは、オフホワイトでコーディネートに抜け感をプラス。暗い色が顔まわりに来るときは、上品に輝くアクセサリーを忘れずに。

③+⑥+⑨+⑩+⑪

64

無彩色のグラデーションに
甘さをプラス

Day9

ロマンティックなローズピンクのニットは、スカートではなくパンツを合わせて甘辛のバランスをとるとおしゃれに。グレーのパンツならシックに決まります。ライトグレーのジャケット、グレーのパンツ、ブラックの靴は、じつは無彩色のグラデーション。全体的にきれいなまとまりを出したら、ラズベリーレッドのバッグをかわいらしいアクセントに。

⑤+⑦+8

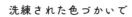

洗練された色づかいで
ホテルラウンジへ

Day10

ラベンダー×ホワイト×グレーは、ラグジュアリーな場所にもなじむクリーンで洗練された配色。ファーつきストールで冬の訪れを予感させる装いに。ウェーブタイプは華奢なブーティが得意ですが、トップスにややボリュームがあるときはショートブーツでバランスをとるのもOK。明るい色で細身のデザインを選べば、品よく軽やかにまとまります。

③+④+⑨+⑪

デニムでカジュアルを楽しみたい日も、
細身シルエットやきれいめデザインを意
識すると夏×ウェーブの魅力がアップ。
ライトグレー、ネイビー、ブルーなどの
落ち着いた色づかいに、ブルーの反対色
である鮮やかなレッドのバレエシューズ
でアクセントをきかせて。靴と同系色の
ピンク系のサングラスでポップなかわい
らしさを足すのもおすすめ。

1 + 7 + D

ネイビーの小顔効果で

Day12
スタイルアップ

ワンピースを主役にするなら、ホワイト
のバッグとベビーピンクのストールで甘
さをプラスすると◎。足もとも明るい色
のビジューつきパンプスで軽やかに仕上
げます。ネイビーはフェイスラインを
すっきりさせて小顔に見せてくれる色。
ブラックほど強くないので、夏タイプの
やさしい顔立ちにも品よくなじみます。
顔を明るくするアクセサリーとセットで
身につけて。

サンクチュアリ出版
年間購読メンバー

クラブS

sanctuary books members club

1～2ヵ月で1冊ペースで出版。

電子書籍の無料閲覧、イベント優待、特別付録など、
様々な特典も受けられるお得で楽しい公式ファンクラブです。

■ **サンクチュアリ出版の新刊が
すべて自宅に届きます。**

もし新刊がお気に召さない場合は他の本との
交換もできます。　※合計12冊のお届けを保証。

■ **サンクチュアリ出版の電子書籍が
読み放題になります。**

スマホやパソコン、どの機種からでも閲覧可能です。
※主に2010年以降の作品が対象です。

■ **オンラインセミナーに
特別料金でご参加いただけます。**

著者の発売記念セミナー、本の制作に関わる
プレセミナー、体験講座など。

その他、さまざまな特典が受けられます。

クラブSの詳細・お申込みはこちらから

http://www.sanctuarybooks.jp/clubs

クラブS
会員さまのお声

読みやすい本ばかりでどの本も面白いです。

会費に対して、とてもお得感があります。

電子書籍読み放題と、新刊以外にも交換できるのがいいです。

サイン本もあり、本を普通に購入するよりお得です。

来たり来なかったりで気長に付き合う感じが私にはちょうどよいです。ポストに本が入っているとワクワクします。

自分では買わないであろう本を読んで新たな発見に出会えました。

オンラインセミナーに参加して、新しい良い習慣が増えました。

何が届くかわからないわくわく感。まだハズレがない。

本も期待通り面白く、興味深いものと出会えるし、本が届かなくても、クラブS通信を読んでいると楽しい気分になります。

読書がより好きになりました。普段購入しないジャンルの書籍でも届いて読むことで興味の幅が広がりました。

自分の心を切り開く本に出会いました。悩みの種が尽きなかったのに、そうだったのか!!!ってほとんど悩みの種はなくなりました。

頭のいい人の対人関係
誰とでも対等な
関係を築く交渉術

東大生が日本を
100人の島に例えたら
面白いほど経済がわかった!

なぜか感じがいい人の
かわいい言い方

貯金すらまともにできていま
せんが この先ずっとお金に
困らない方法を教えてください!

考えすぎない人
の考え方

相手もよろこぶ 私もうれしい
オトナ女子の気くばり帳

ぜったいに
おしちゃダメ?

カメラはじめます!

学びを結果に変える
アウトプット大全

多分そいつ、
今ごろパフェとか
食ってるよ。

お金のこと何もわからないまま
フリーランスになっちゃいましたが
税金で損しない方法を教えてください!

カレンの台所

オトナ女子の不調をなくす
カラダにいいこと大全

図解 ワイン一年生

覚悟の磨き方
〜超訳 吉田松陰〜

サンクチュアリ
出版の
主な書籍

サンクチュアリ出版 = 本を読まない人のための出版社

はじめまして。サンクチュアリ出版・広報部の岩田梨恵子と申します。この度は数ある本の中から、私たちの本をお手に取ってくださり、ありがとうございます。…って言われても「本を読まない人のための出版社って何ソレ？？」と思った方もいらっしゃいますよね。なので、今から少しだけ自己紹介させてください。

ふつう、本を買う時に、出版社の名前を見て決めることってありませんよね。でも、私たちは、「サンクチュアリ出版の本だから買いたい」と思ってもらえるような本を作りたいと思っています。そのために"1冊1冊丁寧に作って、丁寧に届ける"をモットーに1冊の本を半年から1年ほどかけて作り、少しでもみなさまの目に触れるように工夫を重ねています。

そうして出来上がった本には、著者さんだけではなく、編集者や営業マン、デザイナーさん、カメラマンさん、イラストレーターさん、書店さんなどいろんな人たちの思いが込められています。そしてその思いが、時に「人生を変えてしまうほどのすごい衝撃」を読む人に与えることがあります。

だから、ふだんはあまり本を読まない人にも、読む楽しさを忘れちゃった人たちにも、もう1度「やっぱり本っていいよね」って思い出してもらいたい。誰かにとっての「宝物」になるような本を、これからも作り続けていきたいなって思っています。

Day13

寒色のブルー×グレーは理知的なイメージをもつ配色。ブラウスとパンツできちんと感のあるスタイルに。軽くてソフトな素材のトレンチコートは、ボタンをとめてウエストリボンを高い位置できゅっと結ぶとXラインを演出できます。バッグはネイビーやブラックを合わせるとハンサムになりますが、少し個性がほしいときは、ブラウスと反対色相のやさしいイエローで。

◎+◎+◎+△

淡いトーンで
そろえて
ロマンティックに

Day14

ライトグレーとオフホワイトの無彩色に、ローズピンク、ピンクと反対色相のミントグリーンを合わせた、大人のロマンティックスタイル。全体的に淡いトーンでそろえることで、まとまりのあるやさしい印象になります。小物も引き締め色ではなく、あえて明るい色で。ホワイトのバッグで抜けを、ピンクベージュのショートブーツでしっとりと上品な雰囲気をつくりましょう。

◎+◎+□+▷

Column

骨格診断がしっくりこない原因は「顔の印象」

ウェーブタイプなのに曲線が似合わない !?

　骨格診断をしていると、「体型はウェーブなのに、ウェーブのアイテムがしっくりこない」という方が時々います。その場合、まず考えられる理由は「顔の印象」。たとえば、目が一重や奥二重、鼻筋がとおっているなど、顔のなかに直線が多く入っている方は、本来ウェーブタイプに似合うはずの曲線的なアイテムが似合いにくいケースがあるのです。

　パーソナルカラー診断では「似合う色」を、骨格診断では「似合う形と素材」を見極めますが、加えてサロンでおこなっているのが「似合うファッションテイスト」を見極める『顔診断』。

　顔診断では、「顔の縦横の比率」「輪郭や顔のパーツが直線的か曲線的か」「目の形や大きさ」などにより、顔の印象を4つのタイプに分類します。

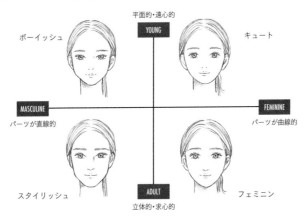

ボーイッシュ　　平面的・遠心的 YOUNG　　キュート

MASCULINE　パーツが直線的

FEMININE　パーツが曲線的

スタイリッシュ　ADULT 立体的・求心的　フェミニン

顔の印象に近づける、似合わせのコツ

　ウェーブタイプなのにウェーブのアイテムが似合いにくいのは、直線的な「ボーイッシュ」「スタイリッシュ」タイプ。

　その場合、顔に近いネックラインやスリーブラインに直線的なデザインをとり入れたり、ややハリのある素材を選んで「かわいい」より「きれいめ」なスタイリングを意識したりすると、しっくりきやすくなります。

　大人顔の「スタイリッシュ」タイプの方は、ボトムスの丈を少し長くして大人っぽく仕上げ、顔のイメージと合わせるのもおすすめ。

Chapter 2

なりたい自分になる、
夏×ウェーブタイプの
配色術

ファッションを
色で楽しむ配色のコツ

ファッションに色をとり入れるのはハードルが高くて、気がつけばいつも全身モノトーン……。そんな方も多いのではないでしょうか?

でも、自分のパーソナルカラーを知ったいまならチャレンジしやすいはず。ぜひ積極的に似合う色をとり入れて、バリエーション豊かな着こなしを楽しんでいただきたいなと思います。

この章からは、色のあるアイテムをとり入れるときに役立つ「配色」のコツをご紹介。

配色とは、2種類以上の色を組み合わせること。相性のいい色同士もあれば、組み合わせるとイマイチな色同士もあり、配色によって生まれる雰囲気もさまざまです。

すてきな配色に見せる基本ルールを知っておくと、なりたいイメージやシチュエーションに合わせて自在に色を操れるようになり、ファッションがもっと楽しくなります。

すてきな配色に見せるには

40ページで、色味の違いを「色相」、明度や彩度の違いを「トーン」と呼ぶとお伝えしました。配色で重要なのは、この「色相」と「トーン」の兼ね合いです。

・色相を合わせるなら、
　トーンを変化させる。

・色相を変化させるなら、
　トーンを合わせる。

これが配色の基本セオリー。どういうことなのか、コーディネートに使える6つの配色テクニックとともにくわしく説明していきますね。

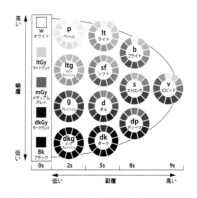

配色テクニック① 色相を合わせる

色相環で近い位置にある色同士（色味が似ている色同士）を組み合わせるときは、トーンを変化させます。たとえばブルー系の色同士を配色するなら、明度や彩度の異なるブルーを組み合わせる、といった感じ。色相を合わせる配色のことを「ドミナントカラー配色」といいます。

 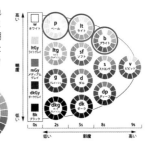

色相環で近い色味でまとめ、トーンは変化をつけて選択。

トーンオントーン

ドミナントカラー配色の中でもコーディネートに使いやすいのが「トーンオントーン配色」。トーンのなかで比較的「明度」の差を大きくつける方法です。色相（色味）のまとまりはありながらも、明るさのコントラストがはっきり感じられる配色です。

  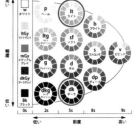

色相環で近い色味（同一も含む）でまとめ、トーンは縦に離す。明度差を大きくとって選択。

配色テクニック② トーンを合わせる

色相環で遠いところにある色相同士（色相に共通性がない反対色）を組み合わせるときは、トーンを合わせます。明度や彩度が似ている色同士を組み合わせると、きれいな配色になります。トーンを合わせる配色のことを「ドミナントトーン配色」といいます（実際のコーデで使いやすいように無彩色も含めています）。

 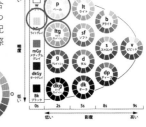

トーン図で近いトーンでまとめ、色相は変化をつけて選択。

 **色相・トーンを合わせる**（ワントーン配色）

色相・トーンともにほとんど差のない色同士をあえて配色することもあります。ファッション用語では「ワントーン」と呼ばれたりもします。専門用語では「カマイユ配色」や「フォカマイユ配色」（カマイユ配色より色相やトーンに少し差をつけた配色）と呼ばれる穏やかな配色で、その場合は異なる素材のアイテム同士を組み合わせるとおしゃれです（実際のコーデで使いやすいように無彩色も含めています）。

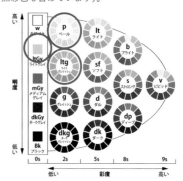

色相、トーンともに色相環・トーン図で近い色で選択。

 色相・トーンを変化させる（コントラスト配色）

一方、色相やトーンが対照的な色同士を組み合わせると、コントラストがはっきりした配色になります。代表的な配色としては、2色の組み合わせの「ビコロール配色」、3色の組み合わせの「トリコロール配色」があります。

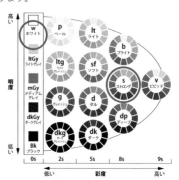

色相やトーンを、色相環・トーン図で離れた色で選択。夏タイプは鮮やかすぎないsトーンが◯。

アクセントカラーを入れる

コーディネートが単調で物足りないときに使うといいのが「アクセントカラー」（強調色）。少量のアクセントカラーをとり入れるだけで、配色のイメージが驚くほど変わります。アクセントカラーは、ベースカラーやアソートカラーの「色相」「明度」「彩度」のうち、どれかの要素が大きく異なる色を選ぶのがポイント。

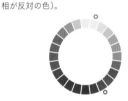

ベース、アソートに対して、反対の要素の色を入れる（この場合は色相環で離れた色＝色相が反対の色）。

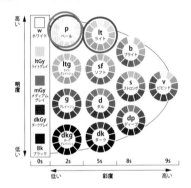

 セパレートカラーを入れる

色と色の間に無彩色（白・グレー・黒など色味のない色）や低彩度色（色味の弱い色）を挟む方法。色相・トーンの差が少ない似た色同士の間にセパレートカラーを挟むと、メリハリが生まれます。また、組み合わせると喧嘩してしまうような色同士の間に挟むと、きれいにまとまります。ニットの裾からシャツを覗かせたり、ベルトをしたり、セパレートカラーを使うときは少ない面積でとり入れるのがポイント。

間に明るめのグレーを入れると、2色の色の差が引き立つ。

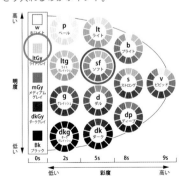

どの色を着るか迷ったときは？
色の心理的効果

自分に似合う色を知っていても、どの色を着ればいいのか迷うことがあるかもしれません。そんなときは、「今日1日をどんな自分で過ごしたいか」から考えてみるのはいかがでしょうか。色によって得られる心理効果はさまざま。色の力を借りれば、新しい自分や新しい日常と出会えるかも！

エネルギッシュに過ごしたい日は

RED レッド

炎や血液を彷彿とさせる、エネルギッシュで情熱的なレッド。大脳を刺激して興奮させる効果があります。

・自分を奮い立たせて、やる気を出したい日に
・自信をもって過ごしたい日に
・ここぞという勝負の日に

社交的に過ごしたい日は

ORANGE オレンジ

太陽の光のようにあたたかく親しみがあり、活動的なオレンジ。新しい環境や出会いの場におすすめの色です。

・積極的にコミュニケーションをとりたい日に
・陽気な気分で過ごしたい日に
・カジュアルな着こなしをしたい日に

思いきり楽しく過ごしたい日は

YELLOW イエロー

明るく元気なイメージのイエロー。目立ちやすく、人の注意を引く色なので、信号機や標識にも使われます。

・ポジティブに過ごしたい日に
・まわりから注目されたい日に
・知的好奇心やひらめき力を高めたい日に

リラックスして過ごしたい日は

GREEN グリーン

調和・平和・協調など、穏やかな印象をもつグリーン。自然や植物のように心身を癒やしてくれるヒーリングカラー。

・心身にたまった疲れを癒やしたい日に
・些細なことでクヨクヨしてしまう日に
・穏やかな気持ちでいたい日に

冷静に過ごしたい日は

BLUE ブルー

寒色の代表色で、冷静・信頼・知性などを連想させるブルー。血圧や心拍数を低減させ、気持ちの高揚を鎮める作用があります。

・心を落ち着かせたい日に
・考えごとやタスクが多く、焦っている日に
・理知的な雰囲気を演出したい日に

個性的な自分で過ごしたい日は

PURPLE パープル

古くから高貴な色とされてきた
パープル。正反対の性質をもつ
レッドとブルーからなるため、神
秘的な魅力があります。

・我が道を進みたい日に
・ミステリアスな魅力をまといたい
　日に
・格式高い場所へ行く日に

思いやりをもって過ごしたい日は

PINK ピンク

精神的な充足感を与えてくれるピ
ンク。女性ホルモンであるエスト
ロゲンの働きを高め、肌ツヤを
アップさせる作用も。

・まわりの人たちにやさしくしたい
　日に
・幸福感を感じたい日に
・誰かに甘えたい日に

堅実に過ごしたい日は

BROWN ブラウン

大地のようにどっしりとした安定
を表すブラウン。ダークブラウン
はクラシックなイメージの代表色
でもあります。

・コツコツがんばりたい日に
・自然体でいたい日に
・高級感を演出したい日に

自分を洗練させたい日は

GRAY グレー

日本を代表する粋な色、グレー。
「四十八茶百鼠」という言葉があ
るように、江戸時代の人は100種
以上ものグレーを生み出したそう。

・こなれ感を出したい日に
・シックな装いが求められる日に
・控えめに過ごしたい日に

新しいスタートを切りたい日は

WHITE ホワイト

白無垢やウェディングドレス、白
衣など、清く神聖なものに使われ
るホワイト。純粋さや清潔さを感
じさせる色です。

・新しいことを始める日に
・素直でありたい日に
・まわりの人から大切にされたい日に

強い自分でありたい日は

BLACK ブラック

強さや威厳、都会的などのイメー
ジをもつブラック。1980年代以
降、ファッション界で圧倒的な人
気を誇ります。

・強い意志を貫きたい日に
・プロフェッショナル感を出したい日に
・スタイリッシュな着こなしをした
　い日に

11色で魅せる、
夏×ウェーブタイプの配色コーディネート

PURPLE 1
パープル

食事会は色と素材で
ドレッシーに

少しスモーキーなオーキッド（洋蘭のような紫）に淡い青紫がかったグレーを合わせた、夏×ウェーブタイプによく似合うパープル系の同系色配色。コントラストの強すぎないソフトな配色が、やさしい顔立ちと調和します。光沢のあるサテンのプリーツスカート、ビジューつきパンプス、白蝶貝やパールのアクセサリーなど、華やかな素材のアイテムでドレス感アップ。

夏×ウェーブの推し配色
高貴なパープル
素材でドレス感アップ

①色相を合わせる

Knit, Flat shoes / KOBE LETTUCE
Skirt, Bag, Necklace / marvelous by Pierrot
Earrings / VENDOME BOUTIQUE
Watch / シチズン エクシード

PURPLE 2
パープル

ミントグリーンがきいた
洗練配色

ライトグレー×オーキッドの上品な配色
に、パープルの反対色相にあたる淡いミ
ントグリーンを入れておしゃれ上級者
に。反対色相はトーンを合わせると調和
しやすくなります。夏カラーのストール
をアクセント用に何色かそろえておくと
便利。寒い日に着たいハイネックは、襟
が低めのものを。ふわふわのアンゴラ素
材と鎖骨の長さのネックレスで胸もとに
華やかさをプラスして。

反対色相をアクセントに
ストールで手軽に色を楽しむ
ハイネックを着るコツ

②トーンを合わせる

⑤アクセントカラーを入れる

Knit, Skirt, Necklace / marvelous by Pierrot
Boots / 卑弥呼
Bag / Faviora faux fur
Stole / FURLA
Earrings / Meach.

似合うパープルの選び方

パープルは、夏タイプが最も得意とする
カラーのひとつ。ラベンダーやオーキッ
ドは肌の透明感を高め、エレガントな雰
囲気を演出します。ビビッドすぎるパー
プルは浮いてしまうので、やさしいトー
ンの青紫系や赤紫系がおすすめです。

似合うパープル

ラベンダー　　　　オーキッド　　　　ソフトフクシア

苦手なパープル

スィートバイオレット　ディープバイオレット　ロイヤルパープル

YELLOW 1

ハワイ旅行はショートパンツで
ヘルシーに

ショートパンツは、太ももがスリムな方
の多いウェーブタイプにぜひトライして
ほしいアイテム。ライトレモンイエロー
×ホワイトのさわやか配色に、シルバー
のヌーディーなサンダルで大人っぽさ
を、イエローの反対色相にあたるネイ
ビーのバッグで引き締め効果をプラス。
ストローハットは定番のキャメルではな
く、ブルーベースの肌を美しく見せるホ
ワイトやグレーで。

\# リゾートはショートパンツで
\# 日差しが似合うさわやか配色
\# ブルベの麦わら帽子

⑤アクセントカラーを入れる

Blouse, Hat / 編集部私物
Short pants / Nau Waleno
Sandals / KOBE LETTUCE
Bag / RANDA
Earrings / VATSURICA
Sunglasses / Ray-Ban®（編集部私物）
Watch / シチズン エクシード

YELLOW 2
イエロー

元気に過ごしたい日の
フレッシュ配色

エレガントなイメージの夏×ウェーブタイプが元気いっぱいに過ごしたい日は、フレッシュな色づかいを楽しんで。ポイントは、ライムイエロー×鮮やかなグリーンのちょっと個性的な配色。2色は類似色相ですが、トーンにコントラストをつけるとアクティブに。ハイウエストの切り替えと裾のフリルがかわいいペプラムブラウスは、お腹まわりもカバーしてくれる優れもの。

イエロー×グリーンの新鮮配色
さわやか初夏コーデ
かわいいだけじゃないペプラムブラウス

①色相を合わせる

⑤アクセントカラーを入れる

Blouse, Flat shoes / KOBE LETTUCE
Pants / SHOO・LA・RUE
Bag, Stole / 編集部私物
Earrings, Necklace / VENDOME BOUTIQUE

似合うイエローの選び方

ブルーベースの夏タイプの方でも似合うイエローはあります。薄いレモンイエローなど、黄緑がかったイエローを選ぶのがポイント。一方、オレンジに近い山吹色やマスタードは苦手。顔の赤みが強調されてしまうので気をつけましょう。

似合うイエロー

ライトレモンイエロー　ライムイエロー

苦手なイエロー

ゴールデンイエロー　マスタード　ゴールド

GREEN 1

淡い色をまとって、
日本初上陸のモネを鑑賞

グリーン×イエローのフレッシュ配色
も、スモーキーな色を使うとやさしい雰
囲気に。バッグとバレエシューズは淡い
イエロー系でさりげなくリンク。フリル
がたっぷりあしらわれたラウンドネック
のブラウスは、ウェーブタイプをより華
やかにエレガントに見せてくれるうれし
い1着。やわらかな空気が漂う装いで、
画家が描いたやさしい光を堪能して。

スモーキーカラーでやさしく
フリルの魔法
たくさん歩く日はバレエシューズ

②トーンを合わせる

Blouse / marvelous by Pierrot
Pants / maison de Dolce.
Ballet shoes / 卑弥呼
Bag / cache cache
Earrings / Meach.
Necklace / VENDOME AOYAMA
Watch / シチズン クロスシー

グリーン
GREEN 2

清涼カラー×甘デザインの
ワザありミックス

夏タイプは、スモーキーな色を着ると上
品に、濁りのないクリアな色を着るとさ
わやかになります。友人たちと出かける
日は、オフホワイト×クリアなブルーグ
リーンで涼しげに。スカートの色とトー
ンを合わせた淡いパープルのストールが
ポイント。色をさわやかにしたら、丸首
のショート丈カーディガンや繊細なプ
リーツスカートなど、甘めデザインで絶
妙なバランスに仕上げます。

\# クリアカラーで清涼感アップ
\# シーンに合わせた色選び
\# テイストを巧みにミックス

②トーンを合わせる

⑤アクセントカラーを入れる

T-shirt, Sandals / KOBE LETTUCE
Cardigan / EmiriaWiz
Skirt / mite
Bag / cache cache
Stole / 編集部私物
Earrings / VENDOME AOYAMA
Watch / シチズン クロスシー

似合うグリーンの選び方

夏タイプに似合うのは、青緑系のソフト
なグリーン。淡いペパーミントグリーン
や、華やかだけど少しだけマットなブル
ーグリーンが、肌の透明感を引き出しま
す。暗いマラカイトグリーンやオリーブ
グリーンは顔に影が入り、鮮やかすぎる
グリーンは顔が色に負けてしまうので、
顔まわりはできるだけ避けて。

似合うグリーン

ペパーミントグリーン　ブルーグリーン　ディープブルーグリーン

苦手なグリーン

ディープイエローグリーン　オリーブグリーン　マラカイトグリーン

BLUE 1

<ruby>BLUE<rt>ブルー</rt></ruby>

冬のお出かけも
ふんわり明るいカラーで

重くなりがちな冬コーデも、オフホワイト×スカイブルーで明るく軽やかに。ブルーの反対色相で、パンツの色とトーンが近いライトレモンイエローのバッグを合わせ、あたたかみをプラスしています。ウェーブタイプにはフェルト素材のベレー帽がお似合い。かぶるだけでかわいらしさがアップします。真っ白ではないソフトなホワイトを選ぶと肌なじみも◎。

冬にこそ明るい服を着る
ショートコートで重心アップ
ベレー帽でかわいらしく

②トーンを合わせる

⑤アクセントカラーを入れる

Knit / 編集部私物
Outer / SHOO・LA・RUE
Pants / ROYAL PARTY LABEL
Ballet shoes / welleg
Bag / marvelous by Pierrot
Beret / FURLA
Earrings / Meach.
Necklace / VENDOME BOUTIQUE

BLUE 2

ブルー

ブルーの濃淡で
頭をすっきり冷静に

仕事が溜まっている日は、ブルー系の濃
淡配色で冷静さをキープ。スカイブルー
とネイビーは同一色相ですが、明るさ
に変化をつけるとメリハリが生まれま
す。上品にまとめるならグレーのバレ
エシューズ、カジュアルダウンするな
らホワイトの細身スニーカーもOK。ボ
リュームスリーブのブラウス、ティアー
ドスカートなど、ウェーブタイプらしい
アイテムで気分を上げて。

\# ブルーの鎮静効果
\# メリハリ濃淡配色
\# デコラティブなアイテムでかわいく

①色相を合わせる

Blouse / GeeRA
Skirt, Bag, Necklace / marvelous by Pierrot
Ballet shoes / 卑弥呼
Earrings / VENDOME BOUTIQUE
Watch / シチズン エクシード

似合うブルーの選び方

明るくてやさしいトーンのブルーが似合
う夏タイプ。さわやかなスカイブルーか
ら、少しニュアンスのあるグレイッシュ
なブルーまで、幅広く着こなせます。反
対に、ビビッドすぎるブルーは顔のソフ
トな印象とマッチしにくく、黄みの強い
ターコイズブルーは顔が黄ぐすみしやす
い色です。

似合うブルー

スカイブルー

パウダーブルー

グレイッシュブルー

苦手なブルー

ターコイズ

チャイニーズブルー

ライトトゥルーブルー

PINK 1
ピンク

大人のピンクで
取引先のレセプションへ

ピンクを大人っぽく着こなすなら、ほん
のりスモーキーな淡いピンクのワンピー
スを。反対色相のグリーンを同じトーン
でとり入れると、まとまりのある上品な
アクセントになります。ホワイトのバッ
グで抜けをつくったら、足もとはパイソ
ン柄の華奢なサンダルで大人の余裕を。
気張りすぎないパーティースタイルで華
やかなひとときを楽しみましょう。

大人のロマンティック配色
フィット＆フレアシルエット
パイソン柄でスパイスを

②トーンを合わせる

⑤アクセントカラーを入れる

One piece / CELFORD（著者私物）
Sandals / SEVEN TWELVE THIRTY（著者私物）
Bag / marvelous by Pierrot
Stole / 編集部私物
Earrings, Necklace / VENDOME AOYAMA
Watch / シチズン エクシード

PINK 2
ピンク

トーンの違うピンクを
重ねてエレガントに

ファーマフラー、ニット、スカートを
トーンの違うピンクで合わせ、靴も赤み
のココアブラウンでまとめたエレガント
なコーディネート。バッグだけはマッ
ト素材のダークブラウンをセレクトし
て、シックなアクセントをプラス。パフ
スリーブニットやマーメイドスカートは
ウェーブタイプが得意なアイテム。大き
すぎないファーマフラーもおすすめの冬
小物です。

ピンクをとことん楽しむ
ウェーブの十八番アイテム
可憐さを引き立てるふわふわ小物

①色相を合わせる

Knit / Stola（著者私物）
Skirt / Mystrada（著者私物）
Ballet shoes / welleg
Bag / RANDA
Fur tippet / SHOO・LA・RUE
Earrings / Meach.

似合うピンクの選び方

夏タイプを洗練させるのは、青みのある
ソフトなローズピンク。明るいパステル
系と、少しグレイッシュなスモーキー系、
どちらも肌に透明感が出て似合います。
苦手なのはビビッドすぎるショッキング
ピンク。やさしい顔立ちが色に負けてし
まいます。頬に赤みのある方は、黄みの
強いサーモンピンクを身につけると赤ら
顔に見えたり黄ぐすみしたりしてしまう
ので、注意が必要。

似合うピンク

ローズピンク　　ベビーピンク　　モーブピンク

苦手なピンク

ショッキングピンク　サーモンピンク　ライトサーモン

NAVY

ネイビーをかわいく着て、
行きつけのヘアサロンへ

優等生カラーのネイビーも、ピンドット
柄のとろみブラウスならかわいらしく着
こなせます。はくだけで軽やかさとこな
れ感が増すホワイトのパンツは、リーズ
ナブルなものでそろえると汚れを気にせ
ずはき倒せるので安心。ネイビーと同系
色でトーンを明るくしたブルーのバッ
グ、バッグとトーンを合わせたパープル
のストールで、ワンランク上のおしゃれ
配色に。

ウェーブに似合うピンドット柄
ホワイトパンツに挑戦
小物でおしゃれ配色

①色相を合わせる

⑤アクセントカラーを入れる

Blouse / NEWYORKER
Cardigan / 編集部私物
Pants / maison de Dolce.
Sandals / KOBE LETTUCE
Bag / cache cache
Stole / 編集部私物
Earrings / Meach.
Watch / シチズン クロスシー

似合うネイビーの選び方

ネイビーは全般的に似合う夏タイプ。茄
子紺と呼ばれる色に近い、少し青紫を感
じるソフトなネイビーがとくに似合いま
す。紫が入ることで、よりエレガントな
印象に。ただし、黄みを感じる明るいネ
イビーは避けたほうがベターです。

似合うネイビー

ソフトネイビー　　ネイビーブルー

苦手なネイビー

ライトネイビー　　マリンネイビー

RED
レッド

ディナーデートを彩る
ラズベリーレッド

明るめの色が得意な夏タイプですが、夜
のお出かけは少しダークなカラーで。ラ
ズベリーレッドのノースリーブブラウス
は、ボウタイのリボン結びでデコルテを
盛り、代わりに二の腕を出すことで大
人っぽく着こなせます。ボタニカル柄の
フレアスカートは、地と柄のコントラス
トが強くないものを選んで。強いブラッ
クも少量だけとり入れれば高級感が出ま
す。

\# ダークカラーで魅せる大人感
\# ウェーブの肌見せのコツ
\# ブラックの上手な使い方

⑤アクセントカラーを入れる

Blouse / LADYMADE（編集部私物）
Skirt / nissen（編集部私物）
Sandals / GU（編集部私物）
Bag / KOBE LETTUCE
Earrings / Meach.
Watch / シチズン エクシード

似合うレッドの選び方

夏タイプにイチオシのレッドは、赤紫系
のラズベリーレッドやストロベリーレッ
ド。肌の透明感と同時に華やかさもアッ
プしてくれ、コーディネートのアクセン
トにぴったりです。暗すぎるワインレッ
ドは顔に影が入り、鮮やかなレッドは強
すぎる印象に。ほんの少しソフトな赤を
選んで。オレンジ系の朱色は、赤ら顔に
見えてしまうので要注意。

似合うレッド

ストロベリーレッド　ローズレッド　ラズベリー

苦手なレッド

クリアオレンジレッド　ブライトレッド　ワインレッド

BROWN

ブラウン

子どものピアノの発表会を
やさしく見守る

子どもが主役の日は、赤みのココアブラ
ウン×ワイン系のバーガンディーでやさ
しくクラシカルに。同系色の濃淡配色な
のでまとまりがあり、ダークカラーの面
積が多いため品格も感じるコーディネー
トです。全体的に暗めの色づかいのとき
は、パールのアクセサリー、ファーバッ
グ、ストール、光沢のあるベロア調パン
プスなど、小物で明るさや軽さを出して。

やさしいブラウン
暗い色の面積を増やして品格アップ
Xラインでつくる美シルエット

①色相を合わせる

Knit / Mystrada（著者私物）
Skirt / Mila Owen（著者私物）
Pumps / 卑弥呼
Bag / KOBE LETTUCE
Stole / FURLA
Earrings, Necklace / VENDOME AOYAMA
Watch / シチズン エクシード

似合うブラウンの選び方

夏タイプには、ココアのような赤みのあ
るブラウンがよく似合います。パキッと
した色ではなく、ふわっとしたスモー
キーな色を選ぶのがポイント。黄みの強
いキャメルは、顔の黄ぐすみの原因にな
りやすく、苦手なので気をつけて。

似合うブラウン

ココア　　　　　ローズブラウン

苦手なブラウン

ライトキャメル　ゴールデンタン　アーモンドブラウン

グレー

GRAY

センスが光るグレー×
パステルカラー

夏タイプによく似合うライトグレー。ホ
ワイトのパンツでシックにまとめたら、
トーンを合わせた淡いパープルとスカイ
ブルーをプラス。センスが際立つおすす
めの配色です。足もとはブラックでキ
リッと引き締め。ブラウスの袖にあしら
われたパールとアクセサリーをリンクさ
せたり、バッグとメガネの色をリンク
させたり、さりげないこだわりも光る着こ
なしです。

夏タイプを洗練させるグレー
おしゃれ配色でセンスアップ
さりげないリンクを楽しむ

> ②トーンを合わせる

> ⑤アクセントカラーを入れる

Tops / ザ・スーツカンパニー
Pants / maison de Dolce.
Sandals / GU（編集部私物）
Bag / cache cache
Stole / 編集部私物
Earrings / VENDOME AOYAMA
Necklace / VENDOME BOUTIQUE
Glasses / Zoff

似合うグレーの選び方

グレーは、夏タイプのベーシックカラー
のなかでも外せない色。明るめのグレー
が得意です。ライト～ミディアムグレー
や、少し青みのあるブルーグレーなど、
どれを合わせてもシックで洗練された印
象に。黄みを含んだグレーや、黒に近い
暗いグレーは苦手な傾向。使うならボト
ムスにとり入れるのがおすすめです。

似合うグレー

ライトグレー　　　ミディアムグレー　　　ライトブルーグレー

苦手なグレー

ウォームグレー　　　チャコールグレー

WHITE

海が見えるレストランで 優雅な時間を

ボリュームスリーブ、たっぷりのギャザー、バックリボンなど、かわいい要素がたくさん詰まったワンピース。真っ白ではなくやさしいオフホワイトを選べば、大人の品も兼ね備えたワンピスタイルに。ペールパープルのバッグ、ピンク系のサングラス、小さなストーンがちりばめられたスエードパンプスで、上品な甘さを思いきり楽しんで。

\# 甘めのお出かけコーデ
\# 海辺が似合うふんわりワンピ
\# 大人かわいい小物たち

②トーンを合わせる

One piece / 編集部私物
Flat shoes / RANDA
Bag / cache cache
Earrings / Meach.
Necklace / KNOWHOW（編集部私物）
Sunglasses / Zoff
Watch / シチズン クロスシー

似合うホワイトの選び方

ホワイトにもさまざまな種類があります。夏タイプに似合うのは、少しだけ色のついたソフトなオフホワイト。アイボリーのように黄みが強いと、顔が黄ぐすみしやすくなります。また、何色も混ざっていない真っ白は、夏タイプの顔立ちにはちょっと強すぎます。

似合うホワイト

オフホワイト

苦手なホワイト

アイボリー　　ピュアホワイト

BLACK
ブラック

甘辛配色のおめかしコーデで
帝国劇場へ

強いブラックは顔から離れたボトムスで
とり入れると◎。ウェーブタイプの得意
なチュール素材とピンドット柄がミック
スされたフレアスカートには、パステル
ピンクを合わせると絶妙な甘辛バランス
に仕上がれます。ハンドルにパールがあ
しらわれたツイード素材のバッグ、華奢
なアンクルストラップのパンプスなど、
可憐な小物もブラックを選んで大人っぽ
く。

\# ピンク×ブラックの甘辛配色
\# チュールとピンドットは大得意
\# 引き締め色でスタイルアップ

④色相・トーンを変化させる

Knit / marvelous by Pierrot
Skirt / ROYAL PARTY LABEL
Pumps, Bag / RANDA
Earrings / Meach.
Necklace / VENDOME BOUTIQUE

似合うブラックの選び方

漆黒はとても強い色。夏タイプのやさし
い顔立ちには、ソフトなブラックが似合
います。表革やサテンなどの光る素材で
はなく、シフォンやチュールなど、透け
る素材を選ぶといいでしょう。ブラック
のトップスを着るときには、黒縁メガネ
をかけて顔の印象を調整するのもテク
ニックのひとつ。

似合うブラック

ソフトブラック

苦手なブラック

ブラック

Column

「似合う」の最終ジャッジは試着室で

買う前に試着、していますか？

　さまざまなファッション理論をもとに「似合う」の選びかたをお伝えしてきましたが、いざ購入する前にできるだけしていただきたいこと、それは「試着」です。

　人の肌の色や体のつくりは、パーソナルカラーや骨格タイプが同じ方でもおひとりずつ微妙に異なります。アイテムの色や形やサイズ感が自分に本当に似合うかどうかは、実際に身につけてみなければ厳密にはわかりません。

　いまは、オンラインストアの商品を自宅や店舗で試着できるサービスもありますので、できれば購入前に試してみることをおすすめします。

　試着しても自分に似合っているのかどうかイマイチわからないという方は、下のチェックリストをぜひ参考にしてみてください。

夏×ウェーブタイプの試着チェックリスト

事前準備

- ☐ 着脱しやすい服で行く
- ☐ 普段の外出時につける下着をきちんと身につける
- ☐ コーディネートしたい服や靴で行く
- ☐ 合わせ鏡で後ろ姿まで見えるように、手鏡を持参する
  （スマホのインカメラでもOK。購入前の商品の撮影は
  マナー違反になる場合があるため注意）

夏タイプのチェックリスト

- ☐ 肌に透明感が出てすっきりして見えるか
- ☐ アイテムの色に黄みがあり、顔が黄色くくすんでいないか
- ☐ アイテムの色が暗すぎて、ほうれい線やしわが目立っていないか
- ☐ 色が鮮やかすぎて、顔が負けていないか

ウェーブタイプのチェックリスト

- ☐ （トップス・ボトムス）ゆったりしすぎて、服に着られた印象になっていないか
- ☐ （トップス・ボトムス）素材がシンプルすぎたり、かたすぎたりしていないか
- ☐ （トップス）胸もとあたりが寂しい印象になっていないか
- ☐ （トップス）前に屈んだとき、胸もとがパカパカ開いてしまわないか
- ☐ （ボトムス）腰の横張りが目立たないか
- ☐ （ボトムス・ワンピース）ハイウエストで脚が長く見えるか

Chapter 3

夏 × ウェーブタイプの
魅力に磨きをかける
ヘアメイク

夏×ウェーブタイプに似合う
コスメの選び方

**最高に似合う鉄板メイクを
見つけよう**

　顔に直接色をのせるメイクは、パーソナルカラーの効果を実感しやすい重要なポイント。似合う服を着ていても、メイクの色がイマイチだと「似合う」が薄れてしまいます。

　逆にいうと、本来得意ではない色の服を着たいときや着なければいけない事情があるときは、メイクを似合う色にすれば服の色の影響を和らげることが可能。とくにチークとリップを似合う色で徹底するだけで、肌に透明感が出ていきいきと輝きます。

　「コーディネートに合わせてメイクも変えなくては」と思っている方も多いかもしれませんが、自分に最高に似合う鉄板メイクが見つかれば、毎日同じメイクでも大丈夫。決まったコスメを使っていればいつもきれいでいられるなんて、忙しい日常を送る私たちにはうれしいですよね。

　もちろん、自分に似合うメイクパターンをいくつかもっておいて、コーディネートやシーンに合わせて使い分ける楽しみもあります。どちらでも、ご自身に合うメイク方法を試してみてください。

**夏×ウェーブタイプが
コスメを選ぶときのコツ**

　ピンク系の明るい肌で、もとから頬に赤みのある方が多い夏タイプ。青みのあるソフトな色をのせると、肌の透明感がさらにアップしてなめらかに見えます。コスメの定番カラーであるピンクも、青みを感じるローズピンクやベビーピンクを選ぶのがポイント。

　ゴールドやテラコッタなど黄みの強い色は、顔の赤みが増したり黄ぐすみしたりするので注意が必要です。

　夏タイプはマット系のメイクが得意ですが、夏×ウェーブタイプの場合は適度なツヤ感や透け感があるほうが似合います。

　ラメやパールも繊細なものをチョイス。シルバーやオーロラの小さめラメで、目もとに上品な輝きを添えるのがおすすめです。

おすすめのメイクアップカラー

アイシャドウ

ローズピンク系はクリアな色からスモーキーな色まで似合います。リップの色を選ばないブラウンやベージュ系なら、赤みやグレーっぽさを感じる色を。黄みの強いゴールドやマスタードなどは苦手です。

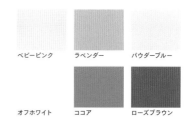

ベビーピンク　ラベンダー　パウダーブルー

オフホワイト　ココア　ローズブラウン

チーク

ローズピンクなど青みのあるピンクがおすすめ。頬に赤みのある方が多いので、青みの強い色をのせても顔が青白くならず透明感が高まります。オレンジ系は顔の赤みが増し、黄みと濁りのあるブラウン系は地味な印象に。

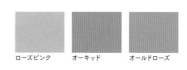

ローズピンク　オーキッド　オールドローズ

リップ

明るいローズピンク系のダスティローズ、ほんのりスモーキーなモーブピンクなど、ロマンティックな色が似合う夏×ウェーブ。暗すぎる色は顔色が一緒に沈み、ビビッドな色はやさしい顔立ちが色に負けてしまいます。

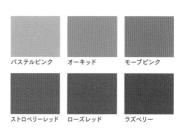

パステルピンク　オーキッド　モーブピンク

ストロベリーレッド　ローズレッド　ラズベリー

アイブロウ・アイライナーなど

赤みのあるブラウン、グレーがかったブラウンをチョイス。黄みのあるブラウンや強すぎるブラックは苦手な傾向。

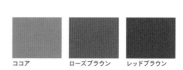

ココア　ローズブラウン　レッドブラウン

史上最高の顔になる、
夏×ウェーブタイプの
ベストコスメ

肌の透明感を引き出すローズピンクメイク

夏×ウェーブタイプによく似合う、青みのピンクを主役にしたメイク。明るい肌色、深い髪や瞳の色と調和して、透明感あふれる美肌に。ピンクはピンクでも甘くなりすぎないローズピンクは、夏×ウェーブのエレガントな魅力を引き出してくれるメイクアップカラーです。

基本ナチュラル
メイク

アイシャドウ
CHANEL

レ ベージュ パレット
ルガール 184185 ライト

明るくクリアなベビーピンク
がベースのアイシャドウ
パレットは、とても上品でか
わいい目もとに仕上がるお
すすめアイテム。紫系のグレ
イッシュカラーで陰影をつ
けると、子どもっぽくならず
洗練された印象に。繊細な
シルバーラメが、涼しげな
きらめきを与えてくれます。

チーク
CLINIQUE

チーク ポップ 15 パンジー
ポップ

明るくクリアなローズピンク
のチーク。紫がかったロー
ズピンクなら、トーンが明
るくても甘くなりすぎずエ
レガントに仕上がります。

リップ
DECORTÉ

ルージュ デコルテ 27 dusty
rose

明るめのローズピンク、ダス
ティローズでロマンティッ
クに。適度にツヤのあるタ
イプで、夏×ウェーブタイ
プらしい上品な輝きをプラ
ス。

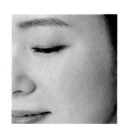

落ち着いたブラウン
×モーブピンクメイク

アイシャドウ

excel

スキニーリッチシャドウ SR06
センシュアルブラウン

オフィスも OK のブラウン系
アイシャドウは、赤みのブ
ラウン系の濃淡で構成され
たパレットがおすすめ。ほ
んのりピンクのベージュ〜
ブラウンが入っていて使い
勝手抜群。締め色のダーク
ブラウンを薄く入れるとナ
チュラルに仕上がり、濃い
めに入れると大人っぽく仕
上がります。

チーク

CANMAKE

グロウフルールチークス（ブ
レンドタイプ）B02 ローズ
バレリーナ

やさしいトーンのローズピン
ク系からなるブレンドタイプ。
シーンによって明るさや色味
を調整できるので便利です。
繊細なパール配合で、上品
なツヤ肌に。

リップ

OPERA

オペラ リップティント N 19
モーヴピンク

ほんのりスモーキーなモー
ブピンクで、大人っぽくエ
レガントな唇に。適度なツ
ヤのあるシアータイプは、
シーンを選ばずデイリーづ
かいできます。軽やかにき
らめく唇に。

華やかカラーの
ドレスアップメイク

アイシャドウ
LUNASOL
アイカラーレーション 02
Deep Rose Quartz

赤紫系の色で構成された、華やかなシーンにおすすめのアイシャドウパレット。彩度が高めのピンク系カラーを二重部分にプラスして、一重の方は仕上げにブラウン系カラーで引き締めると目力アップ。シルバーとオーロラのラメが、より印象的な目もとを演出してくれます。

チーク
ADDICTION
アディクション ザ ブラッシュ 007P Sky Flower（P）スカイフラワー

繊細なパール入りのモーブピンク。さっとつけるだけで肌の透明感が高まり、上品に仕上がります。

リップ
Fujiko
ニュアンスラップティント
07 愛の花束ピンク

ドレスアップするときは、華やかなラズベリー系のリップがおすすめ。ビビッドすぎないソフトな赤紫系カラーが夏タイプになじみます。

夏×ウェーブタイプに似合う
ヘア&ネイル

**本命ヘアは、
ダークカラーのゆるふわスタイル**

　顔まわりを縁どる髪は、服やメイクとともにその人の印象を大きく左右します。パーソナルカラーのセオリーをヘアカラーに、骨格診断のセオリーをヘアスタイルにとり入れて、もう一段上の「似合う」を手に入れましょう！

　肌の色は明るめ、瞳の色は暗めの方が多い夏タイプ。ヘアカラーは瞳の虹彩の色に合わせると調和しやすいので、暗めの髪色のほうが似合う傾向にあります。

　おすすめは赤みのあるダークブラウン、ソフトなブラックなど。反対に、イエロー系やオレンジ系、明るすぎる色は苦手です。

　ウェーブタイプに似合うヘアスタイルは、曲線的でふんわり軽やかなスタイル。華奢な骨格とマッチします。夏タイプは髪が細くやわらかい方が多いので、その魅力も最大限にいかせます。

おすすめのヘアカラー

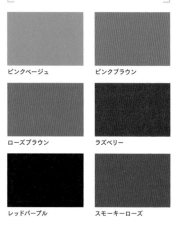

ピンクベージュ　　　ピンクブラウン

ローズブラウン　　　ラズベリー

レッドパープル　　　スモーキーローズ

おすすめのネイルカラー

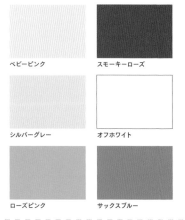

ベビーピンク　　　スモーキーローズ

シルバーグレー　　　オフホワイト

ローズピンク　　　サックスブルー

Short

シックなカラーの軽やか
ショートヘア

ソフトな赤みのダークブラウン系で肌の透明感をアップ。夏×ウェーブタイプのもち前の上品さもさらに引き立ちます。サラサラな髪質の方は、ストレートのままではなくふんわりエアリーに仕上げて。

Medium

ピンクブラウンの
ゆるふわミディアムヘア

カシスのようなピンク系ブラウンは、大人のかわいらしさを演出してくれるヘアカラー。軽さを出したカットと、曲線的なシルエットを意識したスタイリングで、さらにキュートに。

Long

韓国風くびれカットの
ロングヘア

小顔効果ありのくびれカット
と、胸もとを華やかに見せる
ふんわりカールがエレガント。
落ち着いたラズベリーレッド
は、ピンク系の明るい肌をも
つ夏タイプによく似合います。

Arrange

シーンを選ばない
上品アップスタイル

髪をやや低めの位置で後ろに
まとめ、上品で奥ゆかしい雰
囲気に。タイトにまとめず全
体をふんわりさせて、顔まわ
りの髪は少し残してゆるく巻
くのがポイント。オフィスに
もお出かけにも◎。

上品にきらめく
ユニコーンネイル

クリアネイルをオーロラ
パウダーで仕上げたユニ
コーンネイル。ちゅるん
とした質感で品がありな
がら、光があたると色が
変化して幻想的な輝きを
放ちます。小さめのライ
ンストーンできらめきを
プラス。

グレイッシュな
ピンク系ネイル

青みを含んだグレイッ
シュなピンク、ローズミ
ストでシックに。薬指は
繊細なシルバーラメで大
人っぽく仕上げます。パー
ルとさりげないシルバー
のラメラインを施し、洗
練感をアップ。

くすみカラーの
冬ネイル

スモーキーなオールド
ローズ×オフホワイトの
配色に、アクセントでサッ
クスブルーを加えたエレ
ガントなネイル。くすみ
カラーが肌によくなじみ
ます。雪の結晶をあしらっ
て、冬のふわふわニット
コーデと合わせて。

Epilogue

　本書を最後まで読んでくださってありがとうございました。

　あなたの魅力を輝かせる『パーソナルカラー×骨格診断別　似合わせ BOOK』。

　個性を引き出す、ファッションやヘアメイク、ネイルをご覧いただきいかがでしたでしょうか。

　「パーソナルカラー×骨格診断」。この2つのセオリーは、あなたがすでにいま、持っている魅力や個性を引き出し、より美しく輝かせるものです。もちろん、ファッションは楽しむものなので、セオリーに縛られることなく、自由に服選びを楽しんでいただければと思います。

　でも、あまりにも多くの情報があふれるいま、つい、自分にないものを求めてしまったり、他の人と比べてしまうことも、もしかしたらあるかもしれません。

　そんなふうに何を着たらよいか迷ってしまったときに、この本が、あなたらしいファッションに気づく、ひとつのきっかけになればとてもうれしく思います。

　私のサロンに来られるお客さまは、パーソナルカラーと骨格診断に合った色やデザインの服、メイクを実際にご提案すると「今までこんな服やメイクはしたことがなかったです！」「私は、本当はこういう服が似合うんですね！」と驚かれる方もたくさんいらっしゃいます。朝に来店されたときとは見違えるほどすてきになった姿を、数えきれないくらい目にしてきました。

　自分自身を知り、それを最大限にいかすことは、「あなたらしい、身に着けていて心地よいファッション」を叶える近道になると思います。

　色とりどりの服やコスメは、それを目にするだけで、私たちをワクワクした気持ちにさせてくれます。色とファッションのもつパワーを味方につけて、ぜひ、毎日の着こなしを楽しんでくださいね。

毎朝、鏡に映るあなたの顔が、これからもずっと、幸せな笑顔であふれますように。

　最後になりますが、この12冊の本を制作するにあたり、本当に多くの方に、お力添えをいただきました。

　パーソナルカラーと骨格診断のセオリーにマッチした、膨大な数のセレクトアイテム。その全商品のリースを、一手に引き受けてくださったスタイリストの森田さん。根気よく置き画制作を担当してくださった、佐野さんはじめ、スタイリストチームのみなさん。すてきな写真を撮ってくださったフォトグラファーのみなさん、抜けのある美しいメイクをしてくださったヘアメイクさん、頼りになるディレクターの三橋さん、アシストしてくださった鶴田さん、木下さん、すてきな本に仕上げてくださったブックデザイナーの井上さん。

　そして、本書の編集をご担当いただきました、サンクチュアリ出版の吉田麻衣子さんに心よりお礼を申し上げます。特に吉田さんには、この1年、本当にいつもあたたかく励ましていただき、感謝の言葉しかありません。最高のチームで、本づくりができたことに感謝の気持ちでいっぱいです。

　また、アイテム探しを手伝ってくれた教え子たち、そして、この1年、ほとんど家事もできないような状態の私を、何もいわずにそっと見守ってくれた主人と息子にも、この場を借りてお礼をいわせてください。本当にありがとう。

　たくさんのみなさまのおかげでこの本ができあがりました。本当にありがとうございました。

2024年3月　海保 麻里子

協力店リスト

（衣装協力）

・VENDOME AOYAMA
（ヴァンドームアオヤマ）
https://vendome.jp/aoyama

・VENDOME BOUTIQUE
（ヴァンドームブティック）
https://vendome.jp/vendome_boutique

・welleg
（ウェレッグ）
https://welleg.jp

・EmiriaWiz
（エミリアウィズ）
https://emiriawiz.com

・cache cache
（カシュカシュ）
https://www.unbillion.com/brand/cachecache

・KOBE LETTUCE
（コウベレタス）
https://www.lettuce.co.jp

・ザ・スーツカンパニー
https://www.uktsc.com/women/

・GeeRA
（ジーラ）
https://belluna.jp/geera/?shoplist

・シチズン エクシード
https://citizen.jp

・シチズン クロスシー
https://citizen.jp

・SHOO・LA・RUE
（シューラルー）
https://store.world.co.jp/s/brand/shoo-la-rue/

・Zoff
（ゾフ）
https://www.zoff.co.jp/shop/default.aspx

・NEWYORKER
（ニューヨーカー）
https://www.ny-onlinestore.com/shop/pages/newyorker-.aspx

・卑弥呼
（ヒミコ）
https://himiko.jp

・Faviora faux fur
（ファビオラ フォー ファー）
https://shop.moonbat.co.jp

・FURLA
（フルラ）
https://www.moonbat.co.jp/

・marvelous by Pierrot
（マーベラス バイ ピエロ）
https://pierrotshop.jp

・Meach.
（ミーチ）
https://meach.official.ec

・mite
（ミテ）
https://www.mite.co.jp

・maison de Dolce.
（メゾン ド ドルチェ）
https://dolce-official.com

・RANDA
（ランダ）
https://www.randa.jp

・ROYAL PARTY LABEL
（ロイヤルパーティーレーベル）
https://royalpartylabel.com

＜ヘアスタイル画像協力＞

P101上　LiLi（リリ）／OZmall
https://www.ozmall.co.jp/hairsalon/1908/

P101下　ALICe by AFLOAT
（アリス バイ アフロート）／OZmall
https://www.ozmall.co.jp/hairsalon/0604/

P102上　AFLOAT（アフロート）
https://www.afloat.co.jp

P102下　ekubo. 銀座（エクボ ギンザ）
／OZmall
https://www.ozmall.co.jp/hairsalon/0816/

＜ネイル画像協力＞

P103上中　青山ネイル
https://aoyama-nail.com

P103下　EYE＆NAIL THE TOKYO
https://www.eyeandnailthetokyo.com

＜素材画像協力＞

P44　iStock

※上記にないブランドの商品は、著者私物・編集
　部私物です。
※掲載した商品は欠品・販売終了の場合もありま
　す。あらかじめご了承ください。

著者プロフィール

海保 麻里子
Mariko Kaiho

ビューティーカラーアナリスト®
株式会社パーソナルビューティーカラー研究所 代表取締役

パーソナルカラー＆骨格診断を軸に、顧客のもつ魅力を最大限に引き出す「外見力アップ」の手法が評判に。24年間で2万人以上の診断実績をもつ。自身が運営する、東京・南青山のイメージコンサルティングサロン「サロン・ド・ルミエール」は、日本全国をはじめ、海外からも多くの女性が訪れる人気サロンとなる。
本シリーズでは、その診断データをもとに、12タイプ別に似合うアイテムのセレクト、およびコーディネートを考案。「服選びに悩む女性のお役に立ちたい」という思いから、日々活動を行う。
また、講師として、カラー＆ファッションセミナーを1万5千回以上実施。企業研修やラグジュアリーブランドにおけるカラー診断イベントも多数手がける。わかりやすく、顧客に寄り添ったきめ細やかなアドバイスが人気を博し、リピート率は実に9割を超える。
2013年には、「ルミエール・アカデミー」を立ち上げ、スクール事業を開始。後進の育成にも力を注ぐ。
その他、商品・コンテンツ監修、TVやラジオ、人気女性誌などのメディア取材多数。芸能人のパーソナルカラー診断や骨格診断も数多く担当するなど、著名人からも信頼を集める。
著書に『今まで着ていた服がなんだか急に似合わなくなってきた』（サンマーク出版）がある。

サロン・ド・ルミエール HP
https://salon-de-lumiere.com/

クラブ S

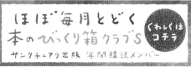

sanctuarybooks.jp/clubs/

新刊が 12 冊届く、公式ファンクラブです。

サンクチュアリ出版
YouTube
チャンネル

奇抜な人たちに、
文字には残せない本音
を語ってもらっています。

"サンクチュアリ出版
チャンネル" で検索

選書サービス

あなたのお好みに
合いそうな「他社の本」
を無料で紹介しています。

sanctuarybooks.jp
/rbook/

サンクチュアリ出版
公式 note

どんな思いで本を作り、
届けているか、
正直に打ち明けています。

note.com/
sanctuarybooks

人生を変える授業オンライン

各方面の
「今が旬のすごい人」
のセミナーを自宅で
いつでも視聴できます。

sanctuarybooks.jp
/event_doga_shop/

パーソナルカラー夏×骨格診断ウェーブ 似合わせBOOK

2024年3月6日 初版発行

著　者　　海保麻里子

装丁デザイン／井上新八
本文デザイン／相原真理子
モデル　橋本まゆ(テンカラットプリューム)
撮影(人物)／小松正樹
撮影(物)／小松正樹、畠中彩
ヘアメイク／yumi(Three PEACE)
スタイリング(アイテム手配)／森田文菜
スタイリング(アイテム置き画制作)／佐野初美、小沼進太郎
編集協力　三橋温子(株式会社ヂラフ)
制作協力(アシスタント業務)／吉田琴美、Yuuka、
　　　　　　　　　　　　　NANA(ルミエール・アカデミー)
イラスト／ヤベミユキ
DTP／エヴリ・シンク

営業／市川聡(サンクチュアリ出版)
広報／岩田梨恵子、南澤香織(サンクチュアリ出版)
制作／成田夕子(サンクチュアリ出版)
撮影補助／木下佐知子(サンクチュアリ出版)
編集補助／鶴田宏樹(サンクチュアリ出版)
編集／吉田麻衣子(サンクチュアリ出版)

発行者　　鶴巻謙介
発行・発売　サンクチュアリ出版
　　　　　〒113-0023 東京都文京区向丘2-14-9
　　　　　TEL:03-5834-2507 FAX:03-5834-2508
　　　　　https://www.sanctuarybooks.jp
　　　　　info@sanctuarybooks.jp

印刷・製本　株式会社シナノ パブリッシング プレス

春 Spring	ライトキャメル	血色がよく健康的 ➡ 似合う
		黄みが出てぼんやりする ➡ 似合わない

診断用カラーシート

| 冬 Winter | ブラック | 凛として小顔になる ➡ 似合う |
| | | 影が目立ち暗い ➡ 似合わない |